MIDNIGHT

WALK

SPIELANLEITUNG

Inhaltsverzeichnis

KAPITEL 1: EINFÜHRUNG IN DEN MITTERNACHTSWANDERUNG

1.1 Übersicht über das Spiel

Der Mitternachtsspaziergang ist ein atmosphärisches, narratives Horror-Abenteuer, das von MoonHood Studios entwickelt wurde und am 8. Mai 2025 erscheinen soll. Dieses surreale Spiel verbindet Stop-Motion-Animation, düstere Märchenästhetik und immersives Geschichtenerzählen zu einem eindringlichen Erlebnis, das Trauer, Erinnerung und Licht inmitten der Dunkelheit erforscht.

Die Spieler schlüpfen in die Rolle des Verbrannten, einer stillen, aus Lehm geformten Figur, die in einer traumhaften Einöde erwacht. Nur von einem lebenden Laternenbegleiter namens Potboy geführt, müssen sie eine zerfallende Welt durchqueren, die nur von verstreuter Glut und vergessenen Geschichten erhellt wird. Jeder Bereich des Spiels ist von einer „verbrannten Geschichte" inspiriert – stilisierten Fabeln, die sich auflösen, während der Protagonist voranschreitet.

Der Mitternachtsspaziergang ist ein Einzelspieler-Erlebnis, das sowohl für herkömmliche Bildschirme als auch für VR-Plattformen entwickelt wurde. Das Kernspiel besteht aus Erkundungen, Umgebungsrätseln, symbolischem Geschichtenerzählen und lichtbasierten Interaktionsmechanismen. Das Fehlen eines traditionellen Dialogs oder einer Benutzeroberfläche unterstreicht die visuelle Erzählweise und die emotionale Atmosphäre des Spiels und lädt die Spieler dazu ein, die Geschichte auf einer persönlichen Ebene zu interpretieren.

Dieser Titel ist nicht nur ein Spiel, sondern auch eine künstlerische Reise, mit einem starken Schwerpunkt auf taktilem Weltaufbau, handgefertigter Grafik und emotionaler Resonanz. Spieler erwartet ein düsteres, unheimliches und meditatives Erlebnis, das an Titel wie erinnert *Innen*, *Kleine Albträume*, Und *Reise* aber mit einer einzigartig düsteren folkloristischen Note.

1.2 Entwicklerhintergrund: MoonHood Studios

MoonHood Studios ist ein unabhängiges Spieleentwicklungsstudio mit Sitz in Schweden, das von den Branchenveteranen Klaus Lyngeled und Olov Redmalm mitbegründet wurde. Beide Gründer arbeiteten zuvor bei Zoink Games zusammen, wo sie zu renommierten Titeln wie z *Im Zufall verloren*, *Fe*, *Geisterriese*, Und *Bleib beim Mann*. Weg zu VR+5GameRant+5GameRant+5Vollständig abgeschlossen+10INDIE GAMES DEVEL+10Gematsu+10

Nachdem Zoink Games im Jahr 2020 in Thunderful Development integriert wurde, versuchten Lyngeled und Redmalm, zu intimeren, kreativeren Projekten zurückzukehren. Dieser Wunsch führte zur Gründung von MoonHood Studios mit der Mission, Spiele zu entwickeln, die künstlerische Innovation mit emotionalem Geschichtenerzählen verbinden. Creative Bloq+1INDIE GAMES DEVEL+1

Der Mitternachtsspaziergang ist der Debüttitel von MoonHood Studios und verkörpert ihr Engagement für handgefertigte Kunst und fesselnde Erzählungen. Das Spiel zeichnet sich durch einen einzigartigen visuellen Stil aus, der durch das Formen Hunderter physischer Modelle aus Ton erreicht wird, die dann sorgfältig in 3D gescannt wurden, um die Umgebungen und Charaktere des Spiels zu erstellen. INDIE-SPIELE ENTWICKLUNGCreative Bloq+2FullCleared+2Polygon+2

Der Ansatz des Studios spiegelt eine Verschmelzung von traditioneller Handwerkskunst und moderner Technologie wider, was zu einer unverwechselbaren Ästhetik führt, die prägt *Der Mitternachtsspaziergang* abgesehen von der Indie-Spielelandschaft. MoonHood Studios konzentriert sich auf die Schaffung „gemütlicher Horror"-Erlebnisse und möchte ein Gefühl von Staunen und Unbehagen hervorrufen und Spieler in Welten einladen, die ebenso bezaubernd wie beunruhigend sind. Polygon+1YouTube+1

1.3 Künstlerische Vision und Inspirationen

Die künstlerische Vision dahinter *Der Mitternachtsspaziergang* basiert auf dem Wunsch, Folk-Horror-Ästhetik, handgefertigte Claymation und eine märchenhafte Erzählstruktur zu einer zutiefst immersiven Welt zu verbinden. MoonHood Studios hat ein Spiel entwickelt, das wie ein Stop-Motion-Albtraum aussieht und sich gleichermaßen zart und verstörend anfühlt.

Die Entwickler zitieren Inspirationen aus einer Vielzahl visueller und erzählerischer Quellen. Dazu gehören:

- Osteuropäische Stop-Motion-Filme wie die von Jan Švankmajer und The Brothers Quay, bekannt für ihre verstörenden Texturen und surrealen Bewegungen.
- Klassische düstere Märchen und Folklore, in denen moralische Ambiguität und düstere Enden in magische Welten verwoben sind.
- Spiele wie *Innen*, *Limbo*, Und *Kleine Albträume*, für ihr minimalistisches Geschichtenerzählen, ihren Umweltausdruck und ihren emotionalen Ton.
- Stummfilm und Puppentheater, die den Einsatz von Pantomime, übertriebenen Gesten und visuellem Geschichtenerzählen ohne gesprochenen Dialog im Spiel beeinflussten.

Ein zentraler Bestandteil des visuellen Ansatzes des Spiels besteht darin, dass alle Objekte, vom Protagonisten bis hin zu verfallenden Ruinen und unheimlichen Kreaturen, physisch aus Ton geformt wurden. Diese Modelle wurden dann in 3D gescannt, um ihre taktile, unvollkommene Qualität im digitalen Raum beizubehalten. Dieser Prozess verleiht dem Spiel seine rohe, handgemachte Textur und gibt den Spielern das Gefühl, durch ein lebendes Diorama zu navigieren.

Thematisch, *Der Mitternachtsspaziergang* erforscht die Kraft des Lichts sowohl im wörtlichen als auch im symbolischen Sinne. Potboys kleine Flamme dient nicht nur dazu, den Spieler zu führen, sondern auch dazu, vergrabene Erinnerungen aufzudecken, Ängste zu zerstreuen und Fragmente einer vergessenen Welt neu zu entfachen. Jede Region repräsentiert eine andere „Geschichte", und jede Geschichte spiegelt eine andere psychologische oder emotionale Herausforderung wider, was das gesamte Spiel zu einer Art interaktiver Fabel macht.

Letztendlich ist das Spiel eine Liebeserklärung an Handwerkskunst, melancholische Schönheit und emotionale Verletzlichkeit und beweist, dass Horror nicht immer Jump-Scares braucht, manchmal reichen stille Trauer und flackerndes Kerzenlicht aus, um uns zu verfolgen.

1.4 Release-Informationen und Plattformen

Der Mitternachtsspaziergang Die Veröffentlichung ist offiziell für den 8. Mai 2025 geplant und sorgt aufgrund seines handgefertigten Kunststils und der emotionalen Prämisse für große Vorfreude in der Indie-Gaming-Community.

MoonHood Studios hat bestätigt, dass das Spiel zum Start auf den folgenden Plattformen verfügbar sein wird:

- PC (Windows)
- SteamVR (für kompatible Virtual-Reality-Headsets)
- Meta Quest 2 und Meta Quest 3
- PlayStation 5
- PlayStation VR2 (PSVR2)

Das Spiel wurde von Grund auf so konzipiert, dass sowohl traditionelles Gameplay als auch VR-Immersion im Vordergrund stehen. Während die Nicht-VR-Version ein filmisches Third-Person-Erlebnis bietet, bietet die VR-Version eine intimere, immersivere Reise durch die eindringlichen Umgebungen. Spieler können ein intuitives, auf jede Plattform zugeschnittenes Steuerungsschema mit durchdachtem Interface-Design erwarten, um das Eintauchen in das Spiel zu gewährleisten.

MoonHood Studios hat auch die Möglichkeit angedeutet, das Spiel je nach Community-Interesse und technischer Machbarkeit auf andere Plattformen (wie Nintendo Switch oder Xbox Series X/S) zu bringen, obwohl noch keine offiziellen Ankündigungen gemacht wurden.

Was die Preisgestaltung betrifft, so steht der genaue UVP zwar bis Ende April 2025 noch nicht fest, die Entwickler haben dies jedoch angegeben *Der Mitternachtsspaziergang* Der Preis wird als Premium-Indie-Titel angepriesen, was die Jahre der handgefertigten Entwicklung und seine Nischenattraktivität widerspiegelt.

Mit seiner einzigartigen künstlerischen Ausrichtung, dem haptischen Weltdesign und der plattformübergreifenden Unterstützung *Der Mitternachtsspaziergang* ist bereit, Fans von narrativen Abenteuern, VR-Storytelling und emotionsreichen Indie-Spielen gleichermaßen anzusprechen.

KAPITEL 2: GESCHICHTE UND ÜBERLEGUNG

2.1 Der Verbrannte: Profil des Protagonisten

Im Herzen von *Der Mitternachtsspaziergang* liegt der Verbrannte, ein stiller Wanderer mit lehmigem Körper, dessen Gestalt sowohl tragisch als auch symbolisch ist. Dieser vom Feuer geformte und vom Verlust gezeichnete Protagonist ist der emotionale Kern des Spiels, ein Gefäß der Erinnerung, Trauer und Transformation.

Aussehen
Der Verbrannte ist eine humanoide Figur, die aus rissigem, geschwärztem Ton geformt ist und deren Körperteile scheinbar zerfallen oder fehlen. Seine Gliedmaßen sind leicht asymmetrisch und erinnern an eine fragile, handgefertigte Qualität. Am auffälligsten ist das Fehlen eines sichtbaren Gesichts, stattdessen deutet eine glatte, verbrannte Oberfläche auf ein Wesen hin, dessen Identität ausgelöscht oder verbrannt wurde. In seinem hohlen Rahmen flackert schwach Licht und deutet auf ein inneres Feuer hin, das noch nicht erloschen ist.

Erzählrolle
Der Verbrannte erwacht in einer zerfallenden Traumwelt ohne Erinnerung an seine Vergangenheit. Es ist eine durch ein Trauma geformte Figur, vielleicht im wahrsten Sinne des Wortes, da die Tonform sowohl emotionalen als auch physischen Ruin widerspiegelt. Im Laufe des Spiels begibt sich der Charakter auf eine Reise durch fünf symbolische Regionen, von denen jede einen Teil einer fragmentierten Erzählung widerspiegelt, die der Spieler langsam rekonstruieren muss.

Während der Spieler Fortschritte macht, spricht oder reagiert The Burnt One nicht auf herkömmliche Weise. Stattdessen vermittelt die Figur Emotionen durch Bewegung, Haltung und die Art und Weise, wie sie mit der Welt um sie herum interagiert. Dieses wortlose Geschichtenerzählen legt den Schwerpunkt auf die Interpretation des Spielers und gibt dem Charakter das Gefühl, ein Spiegel für die eigene emotionale Reaktion des Spielers auf die Reise zu sein.

Gameplay-Fähigkeiten
Der Verbrannte verfügt über keine Waffen oder Kampffähigkeiten im herkömmlichen Sinne. Stattdessen stützt es sich auf:

- Potboys Flamme für Licht, Führung und Rätselinteraktionen.
- Beweglichkeit und Heimlichkeit, Schatten und Stille nutzen, um Kreaturen auszuweichen.
- Empathie, da bestimmte Momente der Verbindung (z. B. die Wiederherstellung verbrannter Erinnerungen oder das Anzünden erloschener Hoffnungen) der Schlüssel zum Fortschritt sind.

Symbolismus
Der Verbrannte stellt sowohl wörtlich als auch metaphorisch einen Überlebenden der Verwüstung dar, jemanden, der großen Schmerz ertragen hat, seine Identität verloren hat und nun auf der Suche nach Sinn durch Asche geht. Auf ihrer Reise geht es nicht um Rache oder Eroberung, sondern um Heilung, Erinnerung und Zeugnis für vergessene Geschichten.

Im Wesentlichen ist The Burnt One kein Held im herkömmlichen Sinne. Sie sind Pilger, die einen Weg der Trauer gehen, der von einem fragilen Funken der Hoffnung erhellt wird, und durch sie erlebt der Spieler eine eindringlich schöne Reflexion über Verlust und Genesung.

2.2 Potboy: Der Laternenbegleiter

In der düsteren, unheimlichen Welt von *Der MitternachtsspaziergangEs* gibt nur wenige Dinge, die Sicherheit bieten, und Potboy ist eines davon. Als allgegenwärtiger Begleiter des Verbrannten ist Potboy mehr als nur eine schwebende Laterne; Er ist ein Führer, ein Wächter und vielleicht der letzte Rest der Wärme in einer von Asche und Schatten verschluckten Welt.

Aussehen
Potboy ähnelt einem schwebenden Keramiktopf mit vier spindelförmigen Beinen, der von innen heraus mit einer sanften, flackernden Flamme leuchtet. Sein Design ist sowohl charmant als auch unheimlich, sein unebener, handgefertigter Look passt zur haptischen Tonästhetik des Spiels. Gelegentlich gibt Potboy subtile Zirpen und Knistern von sich, die ihm eine seltsam ausdrucksstarke Persönlichkeit verleihen, obwohl er keine Stimme oder kein Gesicht hat.

Rolle im Gameplay
Potboy spielt sowohl beim Lösen von Rätseln als auch beim Erzählfortschritt eine entscheidende Rolle:

- Beleuchtung: Potboy wirft ein begrenztes Lichtfeld, sodass der Verbrannte durch pechschwarze Korridore navigieren und verborgene Details enthüllen kann.
- Puzzle-Interaktion: Spieler können Potboy anweisen, flammenempfindliche Mechanismen zu aktivieren, Fackeln zu entzünden und mit antiken Symbolen zu interagieren, die in der Umgebung verstreut sind.
- Wiederherstellung der Erinnerung: In einigen Schlüsselszenen entfacht Potboy „verbrannte Erinnerungen", erweckt vergessene Momente wieder zum Leben und löst Rückblenden oder Umgebungsveränderungen aus.

- Schutz: In einer Welt voller lichtscheuer Kreaturen kann Potboys Flamme Feinde abwehren oder aufhalten, obwohl es keine dauerhafte Verteidigung darstellt.

Narrative Präsenz
Obwohl Potboy nie spricht, entwickelt sich seine Beziehung zum Verbrannten im Laufe der Reise weiter. Je nach emotionalem Gewicht einer Szene schwebt er oft leicht voraus oder bleibt zurück. In Momenten der Not wird seine Flamme schwächer; Während Offenbarungen leuchtet es heller auf. Diese subtilen Hinweise helfen dabei, Ton und Tempo ohne Worte zu kommunizieren.

Es gibt Hinweise darauf, dass Potboy mehr als nur einen Begleiter darstellt, möglicherweise ein Fragment der Vergangenheit des Verbrannten, ein Stück seines verlorenen Selbst oder sogar den symbolischen „Funken" der Erinnerung und Hoffnung, der seine Reise antreibt.

Symbolismus
Potboy verkörpert Führung, Erinnerung und innere Widerstandsfähigkeit. Seine Flamme ist zerbrechlich, aber beharrlich und repräsentiert den Willen, sich zu erinnern, zu heilen und voranzukommen, selbst wenn er von Dunkelheit umgeben ist. Als solcher ist er nicht nur ein Werkzeug, sondern ein thematischer Anker, ein lebendiges Symbol für das Licht, das wir selbst durch die ausgebranntesten Teile unseres Selbst tragen.

2.3 Die fünf Geschichten von Feuer und Dunkelheit

Im Kern von *Der Mitternachtsspaziergang*'s eindringliche Erzählstruktur Lüge Die fünf Geschichten von Feuer und Dunkelheit fragmentierte, symbolische Geschichten, die das Rückgrat der Reise des Verbrannten bilden. Jede Geschichte spielt sich in einem bestimmten Bereich der Spielwelt ab und ist an ein bestimmtes Thema, eine bestimmte Erinnerung und eine emotionale Prüfung gebunden. Zusammen stellen sie eine größere, nichtlineare Geschichte über Verlust, Schuld, Erinnerung und den langsamen Weg zur Heilung dar.

Jede Geschichte wird nicht durch Zwischensequenzen oder Dialoge erzählt, sondern durch Umweltgeschichten erzählen, visuelle Symbolik, Und interaktive Erinnerungsfragmente.

---

1. Die Geschichte vom hohlen Herd

Thema: Aufgabe
In einem verfallenen Dorf, in dem die Häuser hohle Hüllen und die Herde kalt sind, untersucht diese Geschichte, was passiert, wenn buchstäbliche und emotionale Wärme weggenommen wird. Der Verbrannte trifft auf Überreste einer Familie, die verschwunden ist und nur verkohlte Erinnerungen zurücklässt. Die Welt ist erfüllt von hallendem Gelächter, verbranntem Spielzeug und in Wände eingebrannten Silhouetten.

2. Die Geschichte vom Aschengarten

Thema: Reue
In diesem verwinkelten Wald aus fruchtlosen Bäumen und hängenden Laternen muss sich der Verbrannte durch wechselnde Pfade und verrottende Wurzeln navigieren. Diese Geschichte erzählt von einer Entscheidung, die zum Untergang führte, dargestellt durch verdorrte Bäume, die flüstern, wenn der Wind durch sie hindurchstreicht. Potboys Flamme reagiert hier seltsam und flackert

wild in der Nähe bestimmter Stellen und markiert möglicherweise das Echo einer vergrabenen Wahrheit.

3. Die Geschichte vom Laternenschlund

Thema: Besessenheit
Tief unter der Erde liegt ein Reich, in dem Licht verschlungen und nicht willkommen ist. In dieser Geschichte muss sich der Verbrannte durch Tunnel bewegen, die von parasitären Kreaturen befallen sind, die vom kleinsten Flackern angezogen werden. Die Flamme wird zur Belastung und zwingt die Spieler dazu, Sichtbarkeit und Sicherheit abzuwägen. Hinweise deuten auf die Geschichte eines Gelehrten hin, der sein Wissen so weit in die Dunkelheit jagte, dass er den Rückweg vergaß.

4. Die Geschichte vom zerschmetterten Chor

Thema: Schweigen und Scham
Diese kathedralenartige Ruine ist voller zerbrochener Instrumente und gesprungener Glasmalereien. Schall und Vibration werden hier zu zentralen Mechaniken. Der Verbrannte muss die Stille, die er durchdringt, „neu abstimmen" und eine Geschichte über Stimmen widerspiegeln, die vielleicht zu Unrecht zum Schweigen gebracht wurden. Wandgemälde an den Wänden zeigen geflügelte Figuren, die vom Himmel fallen und verbrannte Schriftrollen in der Hand halten.

5. Die Geschichte der Glutbraut

Thema: Loslassen
Die letzte Region ist äußerst surreal: Ein Trauerzug aus flackernden Schatten führt zu einem Palast aus schwelender Asche. Hier

konfrontiert der Verbrannte seine eigene Erinnerung mit dem Verlust, der seinen Weg definiert hat. Licht und Dunkelheit verschmelzen zu einem traumhaften Finale, in dem Rätsel zu symbolischen Ritualen werden. Die Glutbraut, die bisher nur in fragmentierten Visionen zu sehen war, erscheint endlich und ihre Geschichte ist ebenso sehr die des Spielers wie die des Verbrannten.

2.4 Themen Licht, Dunkelheit und Opfer

Der Mitternachtsspaziergang ist tief in seiner symbolischen Verwendung verwurzelt Licht und Dunkelheit, nicht nur als ästhetische Entscheidungen oder Spielmechaniken, sondern als tiefgreifende Metaphern, die den emotionalen und narrativen Kern des Erlebnisses bestimmen. Diese Themen sind im Laufe des Spiels sorgfältig miteinander verwoben und erreichen in den Akten ihren stärksten Ausdruck opfern sowohl wörtlich als auch symbolisch, während der Verbrannte in einer zerstörten Welt nach Sinn sucht.

Licht als Erinnerung und Hoffnung

Licht im Spiel ist mehr als nur eine Möglichkeit zu sehen, es ist die Verkörperung von Erinnerung, Wärme und den Überresten eines vergessenen Lebens. Potboys Flamme ist in bedrückenden Umgebungen oft die einzige Lichtquelle und leitet den Spieler nicht nur körperlich, sondern auch emotional. Durch die Beleuchtung bestimmter Objekte werden häufig verborgene Erinnerungen sichtbar, lange schlummernde Mechanismen aktiviert oder verlorene Momente rekonstruiert.

Die Dunkelheit jeder Region birgt nicht nur visuelle Dunkelheit, sondern auch emotionales Gewicht: Trauma, Schuldgefühle und Trauer, die der Verbrannte durchleben muss. Auf diese Weise dient

Licht sowohl im wörtlichen als auch im metaphorischen Sinne als Werkzeug, um die Wahrheit an die Oberfläche zu bringen.

Dunkelheit als Angst und Verleugnung

Dunkelheit drin *Der Mitternachtsspaziergang* Es ist nicht böse im traditionellen Sinne Abwesenheit: des Verstehens, der Vergebung, des Selbst. Die Monster, die in schattigen Ecken lauern, sind keine zufälligen Bedrohungen, sondern repräsentieren oft zerbrochene Elemente der Psyche des Verbrannten oder ungelöste Konflikte. Sich ohne Lichtquelle durch die Dunkelheit zu bewegen, ist nicht nur gefährlich, sondern auch emotional desorientierend und spiegelt die innere Blindheit wider, die die Figur zu überwinden versucht.

In mehreren entscheidenden Momenten werden die Spieler gezwungen, zu Fuß zu gehen *hinein* Das Dunkle, der Flamme vertrauend, wird eine kraftvolle Metapher für den Glauben an Heilung und die Angst vor dem sein, was wir finden könnten, wenn wir nach innen schauen.

Opfer als Wachstum und Lösung

Das Thema von opfern taucht in den späteren Kapiteln des Spiels deutlich auf. An verschiedenen Stellen muss der Verbrannte etwas aufgeben, sei es eine Erinnerung, einen sicheren Weg oder sogar Potboys Flamme, um voranzukommen. Diese Momente sind ruhig und andächtig und verdeutlichen, dass Wachstum oft schmerzhaft ist und eine Lösung ihren Preis hat.

Einer der letzten Akte des Spiels erfordert möglicherweise, dass der Verbrannte seine letzte Lichtquelle auslöscht, um etwas Größeres neu zu entfachen – eine symbolische Geste, die andeutet, dass Loslassen kein Verlust, sondern Transformation ist.

Zusammenspiel und emotionale Resonanz

Diese Themen existieren nicht isoliert. Licht und Dunkelheit stehen ständig im Spannungsfeld, aber keines von beiden wird als völlig gut oder böse dargestellt. Auch das Opfer wird nicht als heroisch dargestellt, sondern als notwendiger, natürlicher Teil der Heilung. Zusammen bilden sie eine Geschichte darüber Trauer ohne Worte, sich daran erinnern, was einmal war, Und Sich dafür entscheiden, vorwärts zu gehen, auch wenn der Weg unklar ist.

Der Mitternachtsspaziergang bietet keine einfachen Antworten, sondern nur ein Aufflackern des Verständnisses, und in dieser Mehrdeutigkeit findet es seine kraftvollsten Momente.

KAPITEL 3: GAMEPLAY-MECHANIK

3.1 Kern-Gameplay-Schleife

In seinem Herzen, *Der Mitternachtsspaziergang* folgt einer sorgfältig ausgearbeiteten Gameplay-Schleife, die den Schwerpunkt darauf legt emotionales Geschichtenerzählen, lichtbasierte Erkundung und atmosphärische Spannung. Der Spielfortschritt ist langsam, bewusst und fesselnd und soll die Spieler in eine Welt entführen, in der sich jeder Schritt wie das Umblättern einer Seite in einem mit Asche und Geheimnissen durchtränkten Bilderbuch anfühlt.

Schlüsselelemente der Kernschleife:

- Entdecken Sie dunkle Landschaften: Spieler führen den Verbrannten durch unheimliche, handgefertigte Umgebungen voller Erinnerungsfragmente, versteckter Gefahren und überlieferungsreicher Relikte. Zum Navigieren ist Licht erforderlich, aber nur begrenzt, was zu vorsichtiger, zügiger Bewegung und Beobachtung anregt.
- Beteiligen Sie sich an Umwelträtseln: Jeder Bereich bietet symbolische, lichtbasierte Rätsel, die einen tieferen Zugang zur Welt ermöglichen oder verlorene Elemente der Geschichte des Protagonisten wiederherstellen.
- Erinnerungen offenbaren und rekonstruieren: Spieler sammeln Erinnerungssplitter, dargestellt als flackernde Schatten oder eingefrorene Tableaus. Wenn man sie mit Potboys Flamme aktiviert, kommen Momente der Vergangenheit zum Vorschein und die zerbrochene Geschichte des Verbrannten wird langsam zusammengefügt.
- Überlebe und weiche Bedrohungen aus: In einigen Regionen gibt es aus Schatten geborene Kreaturen. Die Kernschleife verlangt von den Spielern, sich zu verstecken, ruhig zu bleiben

oder Licht strategisch einzusetzen, um Konfrontationen zu vermeiden, was die „gemütliche Horror"-Atmosphäre verstärkt, ohne sich auf den Kampf zu verlassen.

- Bringen Sie die Geschichte voran: Nach Abschluss des emotionalen Bogens und der mechanischen Rätsel einer Region (eine „Geschichte") kehren die Spieler zum zentralen Knotenpunkt zurück Herd der Echos wo sie wiederhergestellte Erinnerungen überprüfen und den nächsten Weg wählen können.

Der Zyklus von erforschen → lösen → enthüllen → reflektieren definiert den emotionalen Rhythmus des Spiels und verleiht jedem Segment erzählerisches Gewicht.

3.2 Rätsellösen und Erkunden

Erkundung und Rätsellösung in *Der Mitternachtsspaziergang* sind tief miteinander verflochten und bilden das Rückgrat sowohl des Fortschritts als auch des Geschichtenerzählens. Das Spiel behandelt seine Umgebungen wie lebende, atmende Rätsel und die Spieler müssen sich mit Bedacht darauf einlassen, ihre Geheimnisse aufzudecken.

Arten von Rätseln:

- Licht- und Schattenmechanik: Spieler verwenden Potboy, um bestimmte Schatten zu werfen, Runen zu entzünden oder Licht durch Linsen zu reflektieren, um Türen zu aktivieren oder fragmentierte Räume zu rekonstruieren.
- Wiederherstellung des Gedächtnisses: Bei einigen Rätseln geht es darum, zerbrochene Objekte oder Umgebungsfragmente auszurichten, um Erinnerungsbilder

wiederherzustellen, Rückblenden auszulösen oder neue Bereiche zu eröffnen.

- Schall- und Vibrationsherausforderungen: An Orten wie dem Shattered Choir müssen Spieler aufmerksam auf die Umgebung hören und Glocken, Echokammern oder Pfeifen auf bestimmte Töne stimmen, die Geheimnisse enthüllen.
- Sequenzbasierte Rituale: In späteren Bereichen werden Rituale eingeführt, symbolische Rätsel, die in einer bestimmten Reihenfolge durchgeführt werden müssen, manchmal mit eher emotionalen als logischen Kontexthinweisen.

Explorationsdesign:

- Halboffene Umgebungen: Jede Tale-Region ist ein weitläufiger, halblinearer Raum voller Nebenpfade, versteckter Gegenstände und Sagenfragmente. Die Spieler werden ermutigt, die Umgebung gründlich zu erkunden, es gibt jedoch immer eine sanfte Leitstruktur.
- Umweltgeschichten erzählen: Hinweise auf Rätsel sind oft in die Umgebung selbst eingebettet: Wandschnitzereien, gespenstische Silhouetten oder bleibende Schatten, die darauf hinweisen, was einmal war.
- Potboy-Interaktionen: Die Erkundung wird oft von Potboys Flamme vorangetrieben, die in der Nähe von Geheimnissen flackert oder auf unsichtbare Bedrohungen reagiert. Die Spieler lernen, das Verhalten der Flamme als Navigationsinstrument zu deuten.
- Keine Karte, nur Erinnerung: Getreu seinem Thema bietet das Spiel keine traditionelle Karte. Die Spieler müssen mentale Modelle des Raums erstellen, die sich an visuellen Orientierungspunkten und emotionalen Hinweisen orientieren.

Rätsel lösen in *Der Mitternachtsspaziergang* Es geht nicht nur um Fortschritt, sondern darum Auseinandersetzung mit der Welt, Empathie mit seinen Charakteren, Und Interpretation der Bedeutung. Jede Lösung fühlt sich verdient an, nicht weil sie schwierig ist, sondern weil sie Anklang findet.

3.3 Kampf- und Stealth-Elemente

Im Gegensatz zu herkömmlichen Actionspielen *Der Mitternachtsspaziergang* tut keinen direkten Kampf bieten. Stattdessen vermischt es sich Stealth-Mechanik, Umweltbewusstsein, Und psychische Spannung um eine langsam brennende Horroratmosphäre aufzubauen. Der Fokus liegt auf dem Überleben durch Beobachtung und den geschickten Einsatz von Werkzeugen, niemals roher Gewalt.

Wichtige Stealth-Mechaniken:

- Schallempfindlichkeit: Feinde reagieren häufig auf Geräusche, was dazu führt, dass Spieler in die Hocke gehen, das Betreten brüchiger Oberflächen vermeiden und Bewegungen mit Umgebungsgeräuschen (z. B. knarrenden Bäumen, Windböen) abstimmen.
- Sichtlinienverdeckung: Manchen Feinden kann man ausweichen, indem man außerhalb ihrer Sichtweite bleibt oder ihre Sichtlinie durch Gelände und Schatten unterbricht.
- Leichte Anziehung: Bestimmte Kreaturen werden von Potboys Flamme angezogen, was dies erforderlich macht dimmen oder verstecken Sie das Licht in Schlüsselmomenten. Dies führt zu angespannten Entscheidungen: Sichtbarkeit versus Sicherheit.
- Sichere Zonen: Gelegentliche Zufluchtsorte oder beleuchtete Kreise bieten eine kurze Ruhepause, sodass die Spieler planen

oder sich verstecken können. Diese Momente bieten oft visuelles Geschichtenerzählen oder Erinnerungsfragmente.

Arten von Bedrohungen:

- Lauerer: Schattenhafte Figuren, die lautlos umherschleichen und verschwinden, wenn sie direkt beleuchtet werden. Sie erfordern, dass die Spieler Potboys Flamme auf sie richten, während sie unter Druck zurückgehen oder Rätsel lösen.
- Ashborn: Blinde, kriechende Überreste, die Bewegung und Geräusche wahrnehmen. Heimlichkeit und Timing sind entscheidend, um ihre Patrouillenwege zu umgehen.
- Das Schlundlicht: Eine späte Spieleinheit, die *verbraucht Licht*Dies zwingt die Spieler in Stealth-Segmente in völliger Dunkelheit und stellt ihre Navigationsfähigkeiten auf die Probe.

Auf Kampf im herkömmlichen Sinne wird bewusst verzichtet, um die Verwundbarkeit zu verstärken. Jede Begegnung ist ein Test für Nerven, Timing und Kreativität, nicht für Aggression.

3.4 Rolle von Potboys Flamme

Potboys Flamme ist *Der Mitternachtsspaziergang*Es ist die vielseitigste Mechanik, ihr emotionaler Anker und ein ständiger Begleiter, der die Art und Weise, wie Spieler mit der Welt interagieren, neu definiert. Obwohl die Flamme oberflächlich betrachtet schlicht ist, hat sie doch eine sich entwickelnde Funktionalität und symbolische Bedeutung.

Funktionale Rollen:

- Beleuchtung: Potboy sorgt für die nötige Beleuchtung in ansonsten pechschwarzen Umgebungen. Die Reichweite der Flamme ist begrenzt, aber entscheidend für die Navigation und das Entdecken verborgener Details.
- Rätsellöser: Die Flamme aktiviert Siegel, entzündet vergessene Kohlenbecken und wird von Oberflächen reflektiert, um lichtbasierte Rätsel zu lösen. Einige Erinnerungsfragmente können nur in seinem Schein gesehen oder freigeschaltet werden.
- Stealth-Management: In bestimmten Zonen muss die Flamme von Potboy gedimmt oder gelöscht werden, um nicht entdeckt zu werden. Die Spieler müssen entscheiden, wann sie blind gehen und wann sie das Risiko einer Exposition eingehen.
- Emotionaler Indikator: Die Flamme flackert, wird schwächer oder steigt basierend auf narrativen Hinweisen. In Momenten hoher Spannung könnte es ins Stocken geraten. Wenn eine tiefe Erinnerung freigeschaltet wird, kann sie mit Brillanz aufflammen und dem Spieler ein subtiles emotionales Feedback geben.
- Bond-Mechaniker: In späteren Phasen können Spieler „Kalibrieren" Sie die Intensität der Flamme, schalte einen Impuls mit kurzer Reichweite frei, um Schattenbarrieren zu zerstreuen, oder opfere sogar einen Teil der Flamme, um verwundete Umgebungen zu heilen, oft mit Kosten.

Symbolische Bedeutung:

Die Flamme repräsentiert Hoffnung, Erinnerung und innere Stärke. Es ist ein Stück der Seele des Verbrannten, ihr letzter Funke in einer Welt, die sonst erkaltet wäre. Im Verlauf des Spiels wird die Beziehung des Spielers zur Flamme immer persönlicher. Es auch nur vorübergehend loszulassen fühlt sich an, als würde man einen Teil von sich selbst aufgeben.

Letztlich ist Potboys Flamme nicht nur eine Mechanik. Es ist der Herzschlag des Spiels.

KAPITEL 4: VISUELLES UND AUDIO-DESIGN

4.1 Claymation-Ästhetik und Stop-Motion-Animation

Einer der markantesten Aspekte von *Der Mitternachtsspaziergang* ist es Claymation-Ästhetik, was das Spiel von anderen narrativen Abenteuern unterscheidet. Der gesamte visuelle Stil des Spiels ist davon inspiriert Stop-Motion-AnimationDadurch entsteht eine haptische, handgefertigte Welt, die sich anfühlt, als wäre sie liebevoll aus Ton geformt. Diese Wahl verleiht nicht nur visuellen Reiz, sondern ergänzt auch die Spielthemen Zerbrechlichkeit, Transformation und Erinnerung.

Visueller Stil und Ausführung:

- Tonfiguren und Umgebungen: Jeder Charakter, vom Verbrannten bis zu den verschiedenen Kreaturen, die im Schatten lauern, wird in einer tonähnlichen Textur gerendert, wobei jedes Element so aussieht, als ob es physisch von Hand geformt werden könnte. Die Oberflächen sind leicht unvollkommen und verleihen der Welt ein spürbares Lebensgefühl.
- Stop-Motion-Einfluss: Die flüssigen, aber leicht ruckartigen Bewegungen der Charaktere ahmen eine Stop-Motion-Animation nach und erwecken die Welt so, als wäre sie eine Kulisse für einen düsteren, skurrilen Animationsfilm. Diese Wahl verleiht dem Spiel eine unheimliche, traumhafte Qualität, als ob es in einem Grenzraum zwischen Realität und Vorstellungskraft existieren würde.

- Textur und Detail: Die auf Ton basierende Ästhetik ermöglicht auffällige, subtile Details, Risse, subtile Nähte und Fingerabdrücke, die auf den Charakteren und Umgebungen zu sehen sind, was auf die Vergänglichkeit der Welt hindeutet. Die handgefertigte Natur von allem verstärkt die Vorstellung von Zerbrechlichkeit, Verfall und Verlust, die im Mittelpunkt der Erzählung des Spiels stehen.

Emotionale Resonanz des Ästhetischen:

- Zerbrechlichkeit des Lebens: Die Verwendung von Ton ist ein Symbol für die Vergänglichkeit des Lebens, ein Thema, das die Reise der Wiederentdeckung und Heilung des Verbrannten widerspiegelt. Während Charaktere und Umgebungen zerbrechen und sich verändern, werden die Spieler an die heikle Natur der Existenz erinnert, wie Erinnerungen und Emotionen im Laufe der Zeit zerbrechen und sich neu formen können.
- Nostalgie und Unschuld: Die Stop-Motion-Ästhetik erweckt ein Gefühl von Nostalgie Für viele Spieler erinnert es sie an Zeichentrickfilme aus ihrer Kindheit. Doch diese Nostalgie hat einen Beigeschmack Gefühl der Melancholie, da die Welt voller Überreste von etwas Verlorenem ist, ähnlich wie die eigenen Erinnerungen des Verbrannten.
- Beunruhigende Schönheit: Während die Claymation-Ästhetik eine Schicht Charme verleiht, wird sie auch zu einer Quelle von Charme Unbehagen. Obwohl die Figuren liebenswert sind, wirken sie in ihren unvollkommenen Bewegungen unnatürlich und erzeugen eine schöne Spannung zwischen Behaglichkeit und Unbehagen. Dies ergänzt die Horrorelemente im Spiel perfekt und verwischt die Grenze zwischen Vertrautem und Unheimlichem.

4.2 Umweltdesign und Weltaufbau

Die Welt von *Der Mitternachtsspaziergang* ist ebenso eine Figur wie der Protagonist. Die Umgebungen sind sorgfältig gestaltet, um die narrativen Themen und emotionalen Untertöne des Spiels widerzuspiegeln. Jede Region dient als visuelle Metapher, wobei sich die Welt selbst langsam entwirrt, während die Spieler die Geschichte zusammensetzen.

Regionale Aufteilung:

1. Der Herd der Echos: Dieser Bereich ist der zentrale Knotenpunkt des Spiels und der Ort, an dem der Verbrannte zwischen jeder Geschichte zurückkehrt. Es fungiert sowohl als sichere Zone als auch als thematisches Herzstück, ein rissiger, aschener Zufluchtsort, der die Überreste von Erinnerungen und fragmentierte Symbole beherbergt. Die Umgebung dieses Bereichs entwickelt sich im Verlauf des Spielers weiter und enthüllt mehr von der vergessenen Geschichte und dem emotionalen Zustand des Verbrannten.
2. Der Aschengarten: Ein verlassener, windgepeitschter Wald, in dem einst fruchtbare Bäume unfruchtbar stehen, diese Region spiegelt die wider Thema des Bedauerns. Obwohl die Bäume nicht leben, scheinen sie flüsternd mit ihren Skelettästen in verzweifelte, verdrehte Richtungen zu zeigen. Der Obstgarten fühlt sich verlassen und in der Zeit eingefroren an, als wäre er ein einst blühender Ort, der jetzt von Trauer erstickt wird.
3. Der Laternenschlund: Unter der Oberfläche der Welt spielt dieses unterirdische Reich mit Licht und Dunkelheit. Es ist ein Ort von Besessenheit, voller Tunnel und Höhlen, in denen leuchtende Laternen locken, doch je tiefer man vordringt, desto bedrückender und klaustrophobischer wird es. Die

Umgebung hier ist absichtlich bedrückend, mit Oberflächen, die zu schmelzen oder zu verfallen scheinen, was ein Gefühl von Unvermeidlichkeit und schleichender Gefahr erzeugt.

4. Der zerschmetterte Chor: Ein zerstörter, kathedralenartiger Raum, in dem Klang und Stille um die Kontrolle kämpfen. Die Umgebung ist geprägt von zerbrochenen Instrumenten, zerbrochenen Buntglasfenstern und rissigen Böden, in denen das gespenstische Flüstern längst vergessener Lieder widerhallt. Diese Region ist ein visuelles und akustisches Puzzle, bei dem jede Aktion in der Umgebung widerhallt.

5. Die Glutbraut: Die letzte Region ist ein surrealer, fast traumhafter Raum, in dem die Landschaft selbst in ein Reich aus schwelender Asche zu verbluten scheint. Die Strukturen wirken hier halb geformt und verzerrt, als wären sie zwischen Schöpfung und Zerstörung gefangen. Die Luft ist voller Gefühl Endgültigkeit, als ob sich die Reise des Spiels ihrem unausweichlichen Ende nähert.

Umweltinteraktion und Spielerengagement:

- Welt als Geschichtenerzähler: Jede Umgebung ist vollgepackt mit subtilen Hinweisen, nicht nur in Form des visuellen Geschichtenerzählens, sondern auch in der Art und Weise, wie der Spieler mit dem Raum interagiert. Die Umgebungen verändern sich dynamisch, wenn der Spieler Erinnerungen entdeckt, und verändern sich mit jedem wiederhergestellten Moment von karg zu etwas lebendiger. Das Land selbst „heilt" als Reaktion auf die Handlungen des Verbrannten und symbolisiert deren emotionales und narratives Wachstum.
- Mehrschichtige Symbolik: Objekte, Architektur und Landschaftselemente haben eine symbolische Bedeutung. Beispielsweise repräsentieren die zerbrochenen Statuen, die über verschiedene Regionen verstreut sind, verlorene Ideale oder unerfüllte Versprechen. Die verdrehten Wurzeln des

Ashen Orchard spiegeln die tiefe Verstrickung des Bedauerns wider, während die allgegenwärtige Dunkelheit des Lantern Maw auf eine Besessenheit anspielt, die die Seele verschlingt.

- Umweltgefahren: Bestimmte Gebiete sind voller natürlicher Gefahren wie einstürzender Brücken, Fallen und Umwelträtseln. Bei diesen Hindernissen handelt es sich nicht nur um physische, sondern auch um thematische Herausforderungen, die die Spieler dazu drängen, sich ihnen zu stellen Tod, Verlust, Und der Lauf der Zeit in jedem Schritt.

4.3 Charakter- und Kreaturendesign

Die Charaktere und Kreaturen in *Der Mitternachtsspaziergang* sind für die Erzählung des Spiels ebenso wichtig wie die Umgebungen selbst. Das Design jeder Einheit spiegelt das emotionale Gewicht und die Symbolik wider, die mit der Erzählung verbunden sind, und verwischt oft die Grenze dazwischen Menschen, Monster, Und Erinnerungen.

Hauptcharakterdesign: Der Verbrannte

Das Design des Verbrannten steht im Mittelpunkt der Spielthemen Verlust und Transformation. Ihre Form wird definiert durch subtile Deformationen Und Brandflecken, was ihnen ein Aussehen verleiht, das sowohl menschlich als auch jenseitig ist. Diese Zweideutigkeit stellt ihre zerbrochene Identität dar, mit Hinweisen auf frühere Selbsts, die unter der verbrannten Oberfläche kaum sichtbar sind.

- Claymation-Einfluss: Die Bewegungen des Verbrannten sind bewusst steif und leicht ruckartig und imitieren eine Stop-Motion-Animation. Dadurch entsteht ein beunruhigendes, aber ergreifendes Gefühl der Verletzlichkeit, als würden sie ständig aus Fragmenten einer vergessenen Vergangenheit zusammengesetzt.

- Zerfetzte Kleidung und verbrannte Haut: Ihre Kleidung besteht aus einfachen, aber verwitterten, zerfetzten Stoffen, die versengt wirken und das emotionale und körperliche Trauma symbolisieren, das sie erlitten haben. Obwohl ihre Haut humanoid ist, weist sie tiefe Risse auf, mit Stellen rohen, freigelegten Fleisches, das schwach leuchtet, wenn Potboys Flamme in der Nähe ist.
- Gesichtsausdruck: Das Gesicht des Verbrannten ist fast ausdruckslos, was das Thema der emotionalen Taubheit noch verstärkt. Das Fehlen offenkundiger Emotionen fügt eine Ebene des Mysteriums hinzu und lädt die Spieler dazu ein, ihre eigenen Interpretationen auf ihren Charakter zu projizieren.

Kreaturendesign

Die Kreaturen in *Der Mitternachtsspaziergang* sind nicht nur als Bedrohung konzipiert, sondern als Manifestationen der Psyche des Verbrannten. Ihre Auftritte spiegeln oft ihre Themen Trauma, Erinnerung und Trauer wider.

- Lauerer: Diese Kreaturen sind schattenhafte, teilweise geformte Wesen, die humanoiden Gestalten ähneln, die aus sich verändernder Dunkelheit bestehen. Sie bewegen sich in schnellen, beunruhigenden Stößen und verschwinden, wenn Licht sie berührt. Ihre unheimliche, stille Bewegung spiegelt die Angst des Verbrannten vor der Konfrontation mit seiner Vergangenheit wider.
- Ashborn: Diese blinden und kriechenden Kreaturen haben verdrehte, verzerrte Körper, die mit Schichten getrockneter Asche bedeckt sind. Ihre Bewegungen sind langsam, aber sie sind es empfindlich gegenüber Geräuschen, und Spieler

müssen vorsichtig sein, sie nicht zu alarmieren. Ihr Design symbolisiert den Verfall des Geistes und die Schwierigkeit, voranzukommen, wenn man in einem Kreislauf aus Stille und Stagnation gefangen ist.

- Das Schlundlicht: Eine massive, lichtverzehrende Einheit, die das verkörpert Angst vor dem Vergessen. Das Mawlight ist eine dunkle, amorphe Masse mit leuchtenden, sich ständig verändernden Augen. Es wird von Potboys Flamme angezogen und verzehrt sie bei jedem Schritt des Spielers, wodurch es in bestimmten Teilen des Spiels zu einer ständigen Bedrohung wird. Sein Design spiegelt direkt das Kernthema des Spiels wider, den langsamen Konsum von Hoffnung und Identität.

- Glutbraut: Als Höhepunkt der Reise des Verbrannten ist die Glutbraut eine atemberaubend schöne Figur. Ihre Form besteht aus beidem weich, fließend Und scharf, eckig Formen, die einen beunruhigenden Kontrast zwischen Anmut und Gefahr erzeugen. Ihr Aussehen wechselt ständig zwischen einer leuchtenden, ätherischen Gestalt und einer schattenhaften, zerbrochenen Silhouette und repräsentiert die zerbrochenen Erinnerungen und den Wunsch des Verbrannten nach Abschluss.

Symbolik im Design:

Das Design jeder Kreatur ist voller symbolischer Bedeutung, die sich oft direkt auf die Kreatur bezieht Die persönliche Geschichte von Burnt One und die emotionale Barrieren sie müssen überwinden. Die Verwendung von Claymation-Texturen gibt diesen Kreaturen das Gefühl, als könnten sie durch die Aktionen des Spielers geformt und geformt werden, was die Themen des Spiels – Schöpfung, Zerstörung und Wiederaufbau – noch verstärkt.

4.4 Binaurales Audio und immersive Klanglandschaften

Das Sounddesign in *Der Mitternachtsspaziergang* ist ein integraler Bestandteil seines immersiven Erlebnisses, mit binaurales Audio Techniken, die verwendet werden, um ein wirkliches zu schaffen 360-Grad-Hörlandschaft. Die Klanglandschaften sind nicht nur Hintergrundgeräusche, sondern aktive Elemente, die das Gameplay und das emotionale Erlebnis prägen und den Spieler durch die eindringliche Atmosphäre des Spiels führen.

Binaurales Audiodesign:

- Raumbewusstsein: Mithilfe von binauralem Audio erzeugt das Spiel ein Klangerlebnis, das sich je nach Position des Spielers in der Umgebung verändert. Geräusche scheinen aus bestimmten Richtungen von links, rechts oder von hinten zu kommen, sodass sich die Spieler vollständig in die Welt eintauchen können. Das Gefühl, Schritte, Flüstern oder entfernte Kreaturen zu hören, die sich durch den Raum bewegen, trägt dazu bei, die Spannung und das Gefühl zu steigern Orientierungslosigkeit.
- Immersiver Umgebungsklang: Die Umgebungen des Spiels sind durch subtile Klangsignale lebendig, wie zum Beispiel das Rascheln der Blätter im Ashen Orchard, das Knarren von Holz im Lantern Maw oder das entfernte Echo von Glasscherben im Shattered Choir. Diese Klänge werden sorgfältig verarbeitet die Atmosphäre verbessern und die emotionale Verbindung zu jeder Region vertiefen.
- Flüstern und Echos: Die Reise des Verbrannten wird von schwachem, unheimlichem Flüstern begleitet, das von überall her zu kommen scheint. Diese Stimmen repräsentieren oft verlorene Erinnerungen, Schuld, oder lang vergrabenes

Bedauern, Spieler zu wichtigen Momenten führen oder wichtige emotionale Momente auslösen. Das Flüstern nimmt an Intensität zu, je näher der Spieler kritischen Erzählpunkten kommt, was die Spannung erhöht.

- Die Rolle der Stille: Stille ist genauso wichtig wie Klang *Der Mitternachtsspaziergang*. In Momenten emotionaler Belastung oder kritischer Story-Beats erzeugt die Abwesenheit von Ton eine Gefühl der Isolation und Verletzlichkeit. Kurz bevor entscheidende Erinnerungen oder Begegnungen freigeschaltet werden, versinken die Spieler oft in Totenstille, was die emotionale Wirkung dieser Momente verstärkt.

Musikpartitur und Themen:

- Subtile, eindringliche Melodien: Die Partitur von *Der Mitternachtsspaziergang* ist bewusst spärlich und eindringlich gehalten, wobei der Schwerpunkt auf subtilem Klavier, Streichern und Umgebungsgeräuschen liegt. Die Musik ändert sich in Ton und Tempo und spiegelt den emotionalen Bogen der Reise des Verbrannten wider. Sie wird oft dissonanter und chaotischer, je mehr sich die Erzählung ihrem Höhepunkt nähert.
- Echo-Sound-Hinweise: Zusätzlich zu den physischen Geräuschen der Welt gibt es auditive Hinweise die das Vorhandensein einer Gefahr oder die Entdeckung wichtiger Erinnerungen signalisieren. Diese Hinweise sind nicht immer sofort als mit dem Gameplay verknüpft zu erkennen, aber sie schaffen ein zutiefst intuitives Erlebnis, bei dem Spieler die Emotionen der Welt fast „fühlen" können.

KAPITEL 5: FEINDE UND BOSSE

5.1 Arten von Monstern und ihr Verhalten

Während *Der Mitternachtsspaziergang* ist kein traditionelles, kampflastiges Spiel, die Kreaturen, die seine Welt bewohnen, sind eng mit seinen psychologischen Horrorelementen verbunden. Bei diesen Monstern geht es weniger um direkte Konfrontation als vielmehr darum, Spannungen und Hindernisse zu erzeugen, die die Überlebensfähigkeit des Spielers durch Heimlichkeit, Strategie und emotionale Belastbarkeit auf die Probe stellen. Jede Kreatur ist so gestaltet, dass sie bestimmte Themen verkörpert Kummer, Schuld, Und Vergessenheit, was ihnen das Gefühl gibt, eine Erweiterung der inneren Kämpfe des Verbrannten zu sein.

Arten von Monstern:

1. Lauerer
   - Aussehen: Schattenhafte Gestalten, fast humanoid, aber undeutlich, sie sind im Licht nie vollständig sichtbar. Sie bewegen sich ständig ins Sichtfeld und wieder außer Sichtweite und verschwinden nach Belieben in der Dunkelheit.
   - Verhalten: Lurker sind in erster Linie passiv, bis der Spieler bestimmte Umgebungsauslöser aktiviert, z. B. das Betreten eines beleuchteten Raums oder das Stören bestimmter Objekte. Wenn sie bedroht werden, werden sie aggressiv und jagen den Spieler, nur um zu verschwinden, wenn Licht direkt auf sie fällt. Ihre Hauptangriffsmethode sind plötzliche, desorientierende Bewegungen, die den Spieler verwirren und isolieren.

- o Symbolismus: Lurker repräsentieren die unsichtbare Ängste und ungelöste Erinnerungen des Verbrannten, der widerspiegelt, wie vergangene Traumata oft unvorhersehbar wieder auftauchen und verschwinden können, bevor sie vollständig bewältigt werden können.

2. Ashborn
   - o Aussehen: Diese Kreaturen sind Skelette mit aschgrauen Körpern und eingefallenen Augen. Ihre Formen wirken brüchig und verfallen, als bestünden sie ausschließlich aus Ruß und getrockneter Erde.
   - o Verhalten: Ashborn sind blind, verfügen aber über ein ausgeprägtes Gehör und können selbst kleinste Geräusche wie Schritte oder Bewegungen wahrnehmen. Sie kriechen langsam und absichtlich, und wenn sie den Spieler entdecken, stürzen sie sich mit rasender Geschwindigkeit vorwärts. Die Aschegeborenen sind unerbittlich und werden den Spieler verfolgen, bis sie entweder umgangen werden oder außer Reichweite sind.
   - o Symbolismus: Ashborn vertreten die Beständigkeit der Trauer und die unvermeidlicher Verfall das folgt einem emotionalen Burnout. Ihre blinde Verfolgung symbolisiert die Art und Weise, wie ungelöste Traumata oder Schuldgefühle einem Menschen stillschweigend folgen und ihn dazu zwingen können, sich schmerzhaften Erinnerungen zu stellen.

3. Das Schlundlicht
   - o Aussehen: Eine dunkle, masseartige Kreatur, die schwach leuchtet und Hunderte von wirbelnden, sich bewegenden Augen aufweist. Der Mawlight ist ein riesiges, amorphes Wesen mit langen, klauenartigen Anhängseln, die in ihrer Form zu verschmelzen und sich wieder aufzulösen scheinen.

- Verhalten: Das Mawlight ernährt sich von Licht und entzieht es, wann immer Potboys Flamme freigelegt wird. Es kann sich in der Dunkelheit unglaublich schnell bewegen und seine Anwesenheit erzeugt eine bedrückende, erstickende Atmosphäre. Die Kreatur wird von der Lichtquelle des Verbrannten angezogen, was sie in den dunkleren Regionen des Spiels zu einer ständigen Bedrohung macht. Wenn sich das Mawlight nähert, erzeugt es eine starke Verzerrung der Umgebung, die die Sicht verwischt und verwirrende Geräusche erzeugt.
- Symbolismus: Das Schlundlicht symbolisiert Verbrauch Und Vergessenheit die Angst, dass die eigene Identität, Hoffnung oder Seele vollständig ausgelöscht werden könnte. Es verkörpert die existenzielle Angst, die mit dem Verlust der Fähigkeit einhergeht, sich zu erinnern oder überhaupt zu existieren.

4. Glutbraut
   - Aussehen: Die Glutbraut ist eine beeindruckende Figur, gehüllt in fließende, feurige Gewänder, die in einem jenseitigen Licht zu brennen scheinen. Ihr Gesicht ist von einer Maske aus Glut verdeckt, mit leuchtenden, hohlen Augen, die den Schmerz und das Leid der Vergangenheit des Verbrannten widerspiegeln.
   - Verhalten: Die Glutbraut erscheint erst in der Endphase des Spiels und dient dem Spieler sowohl als Leitfaden als auch als Test. Ihre Bewegungen sind anmutig, aber präzise und spiegeln oft die Aktionen des Spielers wider. Sie mag auf den ersten Blick wohlwollend wirken und Ratschläge geben, wird aber bei Provokation eine finsterere Natur offenbaren. Zu ihren Angriffen gehört das Beschwören von Flammenbarrieren oder das Werfen von Feuerbällen,

denen der Spieler ausweichen muss. Allerdings ist die Glutbraut auch ein Rätsel. Ihre Interaktionen mit dem Spieler hängen von Entscheidungen ab, die während der Reise getroffen werden, wodurch unterschiedliche Wege und Herausforderungen entstehen.

- o Symbolismus: Die Glutbraut repräsentiert Schließung, Vergebung, Und Transformation. Sie ist sowohl eine Manifestation des ultimativen Ziels des Verbrannten als auch seiner tiefsten Angst, der Angst, von ungelösten Schuldgefühlen verzehrt zu werden oder dem Schmerz, sich der Wahrheit seiner Taten zu stellen.

5.2 Strategien für Kampf und Ausweichen

Während *Der Mitternachtsspaziergang* fördert nicht den traditionellen Kampf, auf den sich die Spieler verlassen müssen Heimlichkeit, Timing, Und Umweltinteraktion um zu überleben und im Spiel voranzukommen. Im Folgenden finden Sie einige Strategien, um den verschiedenen Monstern, denen man auf der Welt begegnet, auszuweichen und sie zu überleben.

Allgemeine Ausweichtaktiken:

1. Verwendung von Licht und Schatten:
   - o Potboys Flamme spielt eine zentrale Rolle dabei, Feinden auszuweichen oder sie abzulenken. Viele Monster, wie zum Beispiel die Lauerer Und Mawlight, werden vom Licht angezogen, daher müssen die Spieler entscheiden, wann und wann sie ihre Umgebung beleuchten dimme die Flamme um einer Entdeckung zu entgehen. Das Auf und Ab von Licht

und Dunkelheit zu meistern, ist der Schlüssel zum Überleben.

- o Der Ashborn kann umgangen werden, indem man möglichst ruhig bleibt und sich langsam bewegt. Spieler sollten Licht nur dann verwenden, wenn es nötig ist, um Wege oder wichtige Objekte zu beleuchten, und ihre Position nicht preisgeben.

2. Soundmanagement:
   - o Der Ton spielt eine entscheidende Rolle, insbesondere bei der Ashborn, das auf dem Gehör beruht, um den Spieler zu erkennen. Unauffällige Bewegungen sind von entscheidender Bedeutung. Vermeiden Sie es, zu rennen oder unnötigen Lärm zu machen. Spieler sollten außerdem aufmerksam auf subtile akustische Hinweise achten, um zu erkennen, wann Feinde in der Nähe sind oder wann eine sichere Bewegung möglich ist.
   - o In einigen Fällen müssen Spieler dies möglicherweise tun Ablenkungen schaffen Feinde wegführen. Beispielsweise kann das Werfen eines Steins oder das Umstoßen eines Gegenstands die Aufmerksamkeit von der Position des Spielers ablenken.

3. Nutzung sicherer Zonen:
   - o In vielen Regionen gibt es sichere Zonen, in denen Licht frei genutzt werden kann, ohne aufzufallen. Diese Räume dienen oft als Rastplätze, an denen Spieler Strategien entwickeln, Erinnerungen Revue passieren lassen und ihre nächsten Schritte planen können. Obwohl diese Bereiche vorübergehende Erleichterung bieten, sollten Spieler nie zu lange verweilen, da bestimmte Monster sie möglicherweise immer noch finden können, wenn sie zu lange an einem Ort bleiben.

4. Zeitgesteuerte Begegnungen:

- Einige Kreaturen, wie die Glutbrauterfordern von den Spielern, sich mit der Umgebung auseinanderzusetzen, anstatt sie direkt zu bekämpfen. Abhängig vom gewählten Erzählpfad müssen die Spieler möglicherweise Umgebungsrätsel lösen oder bestimmte Aktionen ausführen, um die Kreatur entweder zu beruhigen oder zu provozieren. Achten Sie auf alle visuelle oder akustische Hinweise Das kann signalisieren, wann man handeln und wann man warten muss.

Monsterspezifische Strategien:

- Lauerer: Wenn du Lurkern gegenüberstehst, bleibe so weit wie möglich im Licht. Nutzen Sie die Umgebung, um ihre Sichtlinie durchbrechen oder Verwenden Sie temporäre Schatten sich zu verstecken und ihrer Verfolgung zu entgehen. Lauerer sind lichtempfindlich, also nutzen Sie dies bei Bedarf zu Ihrem Vorteil.
- Ashborn: Diese Kreaturen sind also auf Geräusche angewiesen bewege dich ruhig und warten Sie, bis sie vorbei sind, bevor Sie weitermachen. Nutzen Sie Umweltfunktionen wie Risse in den Wänden oder kleine Zimmer sich vorübergehend zu verstecken und darauf zu warten, dass sie vorbeikommen. Achten Sie auf Ihre Umgebung, denn plötzliche laute Geräusche können einen Angriff auslösen.
- Mawlight: Das Mawlight verbraucht Licht und ist daher von entscheidender Bedeutung Navigieren Sie im Dunkeln bei Begegnungen. Lösche deine Flamme wenn nötig und Ton verwenden oder Umgebungsmerkmale, um Ihre Bewegungen zu steuern. Das Mawlight ist eine psychologische Bedrohung und um zu überleben, müssen Sie nicht nur seinem Blick ausweichen, sondern auch Ihre Angst vor der Dunkelheit bewältigen.

- Glutbraut: Die Glutbraut erfordert eine Mischung aus Rätsellösen und Stealth. Beobachten Sie ihre Bewegungen und handeln Sie gegebenenfalls, indem Sie leichten Gebrauch mit strategischer Positionierung in Einklang bringen. Jede Begegnung mit ihr kann sich je nach emotionalem Zustand und Entscheidungen, die der Spieler im Laufe des Spiels getroffen hat, ändern.

5.3 Bossbegegnungen und Taktiken

Der Mitternachtsspaziergang folgt nicht der typischen Videospielstruktur, bei der Spieler mehreren traditionellen Bossen gegenüberstehen. Stattdessen sind die Bosse des Spiels so gestaltet Abschlussprüfungen die das Verständnis des Spielers für seine Welt, Mechanik und emotionalen Themen herausfordern. Diese Begegnungen beinhalten oft eine Kombination aus Rätsel lösen, emotionale Entscheidungen, Und strategisches Ausweichen statt eines einfachen Kampfes.

1. The Mawlight: Die verzehrende Dunkelheit

- Begegnungsübersicht: Das Mawlight ist eine furchterregende, verzehrende Kraft, die repräsentiert Vergessenheit Und Selbstverlust. Der Spieler begegnet ihm zunächst als drohende Bedrohung in abgedunkelten Bereichen. Die Konfrontation mit dem Schlundlicht findet in Phasen statt, in denen die Flamme des Spielers langsam erlischt, was ihn dazu zwingt, auf andere Ausweichmethoden zurückzugreifen.
- Taktik:
  - Leichtes Ausweichen: Das Mawlight wird vom Licht angezogen, also müssen die Spieler es tun lösche ihre Flamme und verlassen Sie sich auf die Umwelt verstecken und sich heimlich bewegen. In Momenten

der Verwundbarkeit versucht das Mawlight, die Flamme vollständig zu verschlingen, was zu intensiven, zeitgesteuerten Sequenzen führt, in denen die Spieler es ausmanövrieren müssen.

- o Umweltinteraktion: Bestimmte Bereiche der Umgebung können genutzt werden, um die Reichweite des Mawlight zu blockieren oder abzulenken. Spieler müssen es möglicherweise tun lösen Umweltmechanismen ausB. das Schließen von Türen oder das Aktivieren von Schutzbarrieren, um den Vormarsch des Schlundlichts zu verlangsamen.
- o Emotional aufgeladene Momente: An bestimmten Punkten muss sich der Spieler mit der existenziellen Natur des Mawlight auseinandersetzen und akzeptieren der Lichtverlust Und das Unbekannte umarmen. Es ist eher ein Kampf der Beharrlichkeit als der Gewalt.

2. Die Glutbraut: Ein Test der Schließung und Opferbereitschaft

- Begegnungsübersicht: Die Glutbraut ist die Verkörperung von Schließung, Schuld, Und Endgültigkeit. Die Begegnung mit ihr beinhaltet eine Kombination aus emotionale Entscheidungsfindung Und Rätsel lösen. Die Spieler müssen sich ihr in der letzten Phase des Spiels stellen, wo ihre Entscheidungen und Aktionen im Verlauf der Erzählung den Ausgang der Begegnung beeinflussen.
- Taktik:
    - o Lichtmanipulation: Die Glutbraut ist mit Feuer und Licht verbunden und die Flamme des Spielers reagiert auf ihre Anwesenheit. In dieser Begegnung müssen die Spieler entscheiden, wann Erhöhen Sie das Licht (was sie aggressiver macht) oder dimmen Sie es (was ihre Abwehrkräfte schwächt). Das Licht repräsentiert

sowohl den Kampf des Verbrannten um einen Abschluss als auch seine Angst vor der Vergangenheit, die ihn verschlingt.

- o Puzzle-Elemente: Die Angriffe der Glutbraut können sein ausgewichen oder gemieden durch das Lösen von Umwelträtseln, die Folgendes beinhalten sich bewegende Objekte, Feuer umleiten, oder Wege freischalten die Sicherheit oder Fluchtmöglichkeiten bieten.
- o Emotionale Konfrontation: Hierbei handelt es sich weniger um einen Kampf im herkömmlichen Sinne als vielmehr um die Konfrontation mit dem emotionales Gewicht von der Reise des Verbrannten. Die Interaktion der Spielerin mit ihr ändert sich abhängig von den Entscheidungen, die im Laufe des Spiels getroffen werden, und fügt Ebenen hinzu Reue, Vergebung, oder Annahme zur Begegnung.

3. Die Lurkers: Schatten der Vergangenheit

- Begegnungsübersicht: Obwohl es sich nicht um einen traditionellen Bosskampf handelt, dienen die Lurker als solcher Boss-ähnliche Begegnungen in bestimmten Abschnitten des Spiels, insbesondere wenn der Verbrannte mit überwältigender Angst und Furcht konfrontiert ist. Sie sind Manifestationen des Verbrannten ungelöste Vergangenheit und die Angst vor der Konfrontation mit der Wahrheit.
- Taktik:
  - o Licht als Ablenkung: Spieler können die Flamme nutzen, um die Lurker von Schlüsselpfaden wegzuziehen oder sich vor ihnen zu verstecken. Dies ist jedoch nur vorübergehend, da die Lurker in größerer Zahl zurückkehren, wenn das Licht erlischt.

- Psychologische Kriegsführung: Die Lurker nutzen psychologische Taktiken, um den Spieler beim Spielen zu desorientieren Angst vor dem Unbekannten Und Isolierung. Die Spieler müssen sich darauf konzentrieren, ihre emotionalen Reaktionen zu kontrollieren und sichere Räume finden wo sie sich verstecken und ihren nächsten Schritt planen können.
- Ausweichen und Geduld: Die beste Strategie, um diese Begegnungen zu überleben, ist Geduld. Die Spieler müssen auf den richtigen Moment warten, um das Territorium der Lurker zu durchqueren, und dabei die Umgebung und die Muster des Monsters beachten.

5.4 Die Rolle des Lichts beim Besiegen von Feinden

Licht ist nicht nur eine wichtige Spielmechanik *Der Mitternachtsspaziergang* sondern auch ein symbolisches Werkzeug, das die Interaktion des Spielers mit Feinden beeinflusst. Die Rolle des Lichts ist vielfältig und dient als Abwehrmechanismus, A Ablenkung, und a Symbol der Hoffnung und Entschlossenheit während des gesamten Spiels.

1. Licht als Schutzbarriere

In vielen Abschnitten des Spiels dient Licht als Schutz vor den dunkleren Kreaturen. Einige Monster, wie die Lauerer, werden vom Licht abgestoßen oder desorientiert, was es zu einem unverzichtbaren Werkzeug für das Überleben des Spielers macht. Allerdings ist seine Wirksamkeit nicht absolut unbedeutend begrenzte Ressource, und Spieler müssen seine Verwendung sorgfältig verwalten, um nicht verwundbar zu werden, wenn es verblasst.

- Strategische Beleuchtung: Potboys Flamme kann verwendet werden Wege beleuchten, Feinde ablenken, oder vorübergehende Sicherheit bieten. Bestimmte Bereiche des Spiels, wie z Mawlights Versteck, verlangen vom Spieler, die Menge des verwendeten Lichts sorgfältig zu steuern, um keine Aufmerksamkeit zu erregen.
- Lichtfallen: In manchen Fällen können Spieler das Licht dazu nutzen Feinde fangen oder die Umgebung manipulieren. Beispielsweise kann eine brennende Fackel losgehen feuerbasierte Mechanismen oder errichten Sie Barrieren, die die Bewegung des Feindes blockieren und dem Spieler Zeit verschaffen, zu fliehen oder sich zu verstecken.

2. Leicht wie ein Köder

Während Licht den Verbrannten schützen kann, fungiert es auch als locken für einige Feinde, insbesondere solche wie die Mawlight oder Ashborn, die von der Wärme und Energie des Lichts angezogen werden. Die Spieler müssen entscheiden, wann Verwenden Sie Licht, um Feinde in Fallen zu locken oder wann man es löschen muss ungesehen bleiben.

- Zeitgesteuerte Begegnungen: Einige Kreaturen, wie die Ashbornwerden gefährlicher, wenn sie Licht wahrnehmen. In diesen Fällen muss der Spieler Wege finden, dies zu tun lösche ihre Flamme oder verwenden Sie alternative Lichtquellen, um eine Erkennung zu vermeiden.
- Emotionaler Konflikt: Das Licht repräsentiert sowohl Hoffnung als auch Angst. Während es den Verbrannten beschützen kann, bringt es ihn auch näher zu sich selbst ultimative Ängste. Das Licht symbolisiert daher das brennender Wunsch, sich der Vergangenheit zu stellen, aber es unterstreicht auch die Angst, davon verzehrt zu werden.

3. Licht als Quelle der Heilung

In bestimmten Abschnitten des Spiels dient Licht als symbolische Heilkraft. Während sich der Verbrannte durch die Welt bewegt, werden bestimmte Bereiche in Licht getaucht und weisen auf das hin Wiederherstellung des Gedächtnisses oder Versöhnung. In diesen Momenten kann Licht nicht nur als Überlebensmittel, sondern auch als Hilfsmittel genutzt werden Symbol emotionaler Erneuerung.

- Licht als Belohnung: In bestimmten Bereichen wird die Beleuchtung bestimmter Objekte oder Orte ausgelöst Wiederherstellung des Gedächtnisses oder neue Wege freischalten. Diese Interaktion mit Licht steht in direktem Zusammenhang mit der Heilungsreise des Verbrannten und spiegelt dessen Wachstum und emotionalen Fortschritt wider.
- Wiederherstellung der Flamme: Während der Spieler im Spiel voranschreitet, kann er finden flammenverstärkende Gegenstände die ihr Licht wiederherstellen oder verstärken und die Vorstellung bestärken, dass Heilung und Versöhnung nicht einfach sind, sondern ständige Pflege und Anstrengung erfordern.

4. Licht als letzter Test

Die letzte Begegnung mit dem Glutbraut testet die Fähigkeit des Spielers, Licht und Schatten auszubalancieren. Hier wechselt die Rolle des Lichts von einem einfachen Überlebenswerkzeug zu einem symbolisches Element der emotionalen Lösung. Die Fähigkeit des Spielers das Licht steuern In dieser letzten Konfrontation ist der Schlüssel zum Finden Schließung Es wird entschieden, ob der Verbrannte vorwärts gehen oder in der Dunkelheit gefangen bleiben kann.

KAPITEL 6: ERKUNDUNG UND UMGEBUNGEN

6.1 Überblick über die fünf Regionen

Der Mitternachtsspaziergang ist in fünf verschiedene Regionen unterteilt, jede mit ihrer eigenen einzigartigen Umgebung, Herausforderungen und thematischen Verbindungen zur Reise des Verbrannten. Diese Regionen dienen beides physische Räume zu erkunden und symbolische Landschaften die verschiedene emotionale und psychologische Zustände des Verbrannten darstellen. Das Zusammenspiel zwischen Erforschung Und narrative Entwicklung ist in jedem dieser Bereiche von entscheidender Bedeutung.

1. Der Aschenwald: Der erste Atemzug der Trauer

- Thema: Der Aschenwald stellt die erste Begegnung des Verbrannten mit dem dar schwere Last der Trauer. Die Landschaft ist trostlos, voller verkohlter Bäume und schwacher Flüstern vergangener Trauer. Diese Region führt den Spieler in die Kernmechanik des Spiels ein Lichtmanagement Und heimliches Ausweichen.
- Hauptmerkmale:
    - Überwucherte Wege gefüllt mit verfallene Überreste von verlorenen Erinnerungen.
    - Begegnungen mit Lauerer und andere Schattenfiguren, die sich von Licht ernähren.
    - Klein, isoliert sichere Zonen wo das Licht wiederhergestellt werden kann.

2. Die vergessenen Sumpfgebiete: Das Gewicht der vergessenen Erinnerung

- Thema: Die Vergessenen Sumpfgebiete spiegeln den Kampf des Verbrannten wider vergessene Erinnerungen und die Gewicht der Isolation. Die Luft ist voller Nebel und der Boden ist instabil, was die Navigation schwierig macht.
- Hauptmerkmale:
  - Sumpfiges Gelände mit Treibsandgruben und instabilem Boden, die den Fortschritt verlangsamen.
  - Rätselbasierte Erkundung, bei dem die Spieler die Umgebung manipulieren müssen, um gefährliche Gewässer zu überqueren oder versteckte Wege zu finden.
  - Gefährliche Kreaturen wie die Ashborn, die von Lärm angezogen werden und leicht erschreckt werden können.

3. Die schimmernden Höhlen: Konfrontation mit der Vergangenheit

- Thema: Die Glimmering Caverns dienen als Ort der Selbstbeobachtung wo der Verbrannte sich ihnen stellen muss innere Dämonen. Diese von leuchtenden, phosphoreszierenden Pflanzen und unheimlichen Reflexionen erleuchtete Region stellt einen Konflikt zwischen dem Vertrauten und dem Unbekannten dar.
- Hauptmerkmale:
  - Lichtbasierte Rätsel Dabei muss der Spieler mit seiner Flamme mit Objekten interagieren, um verborgene Pfade oder Geheimnisse aufzudecken.
  - Schmale Tunnel und reflektierende Pools, die etwas schaffen desorientierende Illusionen.
  - Intime Begegnungen mit Wesenheiten, die die Wahrnehmung des Verbrannten über ihre

Vergangenheit in Frage stellen, insbesondere die Glutbraut.

4. Der Schlund der Verzweiflung: Der Abgrund der Schuld

- Thema: Diese dunkle, bedrückende Region symbolisiert die Tiefe des Verbrannten Schuld und die Angst davor, verzehrt zu werden durch ihre Fehler. Die Umgebung ist gefährlich und voller psychologische Fallen Entwickelt, um die Entschlossenheit des Spielers herauszufordern.
- Hauptmerkmale:
  - Gefährlich Klippen Und kavernöse Tropfen die den emotionalen Abgrund symbolisieren.
  - Geräuschbedingte Gefahren wo die Umgebung auf Schritte reagiert und die Spieler dazu zwingt, leise zu navigieren oder sich einer Gefahr zu stellen.
  - Die letzte Konfrontation mit dem Mawlight in dieser Region stellt den Höhepunkt von Schuld und Angst dar.

5. Die strahlende Zitadelle: Die letzte Konfrontation

- Thema: Die Strahlende Zitadelle markiert die des Verbrannten Letzter Abschlussversuch. Es stellt die Lösung innerer Konflikte und die Akzeptanz der Vergangenheit dar. Dieser Bereich ist strahlend und voller Licht, obwohl er immer noch ein Ort der Gefahr ist.
- Hauptmerkmale:
  - Lichtverschiebende Rätsel die den Spieler herausfordern, den Einsatz von Flammen auszubalancieren, um voranzukommen.
  - Duale Wege die von den Entscheidungen des Verbrannten während des Spiels abhängen und die

Wahl zwischen ihnen darstellen Annahme Und
Ablehnung ihrer Reise.
- o   Eine letzte emotionale Konfrontation mit dem
  Glutbraut, abhängig von den Entscheidungen des
  Spielers bis zu diesem Punkt.

6.2 Umweltgefahren und Hindernisse

Jede der fünf Regionen in *Der Mitternachtsspaziergang* ist voller
einzigartiger Umweltgefahren, die nicht nur die Erkundung
erschweren, sondern auch die thematischen Elemente des Spiels
vertiefen. Diese Hindernisse sollen den Spieler sowohl körperlich als
auch emotional herausfordern.

1. Treibsand und rutschiges Gelände (Vergessenes Marschland)

- Gefahrenbeschreibung: Treibsand ist in den Marschlanden
  eine ständige Bedrohung, er verlangsamt die Bewegung des
  Spielers und erschwert die Navigation. Bestimmte Bereiche
  sind gefüllt mit sumpfiger Boden Das kann den Spieler in eine
  Falle locken, wenn es nicht sorgfältig gesteuert wird.
- Taktische Überlegung: Spieler müssen ihre verwenden
  Lichtquellen um versteckte Wege oder sichere Zonen
  aufzudecken und gleichzeitig dem Treibsand auszuweichen.
  Bestimmte Kreaturen können auch in die sumpfigen Gruben
  gelockt werden, was Möglichkeiten für strategisches
  Ausweichen bietet.

2. Wandelnde Schatten (Aschenwald)

- Gefahrenbeschreibung: Die Lurker und andere
  Schattenwesen gedeihen im Ashen Forest und ihre
  Anwesenheit führt dazu, dass Teile der Umgebung

beunruhigend wirken dunkel und unvorhersehbar. Der Spieler kann überrascht werden, wenn er nicht wachsam bleibt.

- Taktische Überlegung: Der Umgang mit Licht ist der Schlüssel. Wenn man es auf Objekte oder Lebewesen richtet, kann es sie abstoßen, aber es kann auch abstoßen verrät die Position des Spielers zu anderen lauernden Bedrohungen. Der Spieler muss entscheiden, wann er seine Umgebung beleuchtet und wann er im Dunkeln verborgen bleibt.

3. Illusionen und Echos (Glimmering Caverns)

- Gefahrenbeschreibung: Die schimmernden Höhlen sind gefüllt mit visuelle Illusionen Und widerhallende Geräusche die Verwirrung stiften. Flure verdrehen und verbiegen sich, und Reflexionen in den Becken können den Spieler dazu verleiten, den falschen Zug zu machen.
- Taktische Überlegung: Der Spieler muss genau darauf achten wahre Lichtquelle und vertrauen Sie ihren Sinnen, um nicht in verwirrende Fallen zu tappen. Die Geräusche der Höhle können beides sein hilfreich Und schädlich, führt den Spieler durch einige Bereiche, lockt ihn aber auch in Gefahr.

4. Lärmbasierte Fallen (Maw of Despair)

- Gefahrenbeschreibung: Der Schlund der Verzweiflung ist voller Gefahren, die auf Geräusche reagieren, wie zum Beispiel hallende Kammern wo Kreaturen wie die Ashborn werden vom Lärm angezogen. Die Umgebung selbst ist ein fangen, darauf wartend, dass der Spieler einen Fehler macht.
- Taktische Überlegung: Spieler müssen sich bewegen ruhig, vermeiden laute Schritte Und klirrende Gegenstände. Heimlichkeit und Timing sind entscheidend, um den

aggressiven Kreaturen auszuweichen und im gefährlichen Gelände zu überleben.

5. Lichtabhängige Rätsel (Radiant Citadel)

- Gefahrenbeschreibung: Die Rätsel der Radiant Citadel sind eng miteinander verbunden Lichtmanipulation. Der Spieler muss die Intensität und Richtung seiner Flamme ausbalancieren, um Türen zu öffnen, Wege freizulegen und Fallen zu vermeiden.
- Taktische Überlegung: Spieler müssen Rätsel lösen, die erforderlich sind fein abgestimmte Steuerung von Licht, oft mit ihrer Flamme Ereignisse auslösen oder Bereiche ausleuchten, die verborgene Gefahren aufdecken.

6.3 Versteckte Bereiche und Sammlerstücke

Im Laufe des Spiels gibt es versteckte Bereiche und Sammelobjekte zusätzliche erzählerische Tiefe Und Belohnungserkundung. Diese Geheimnisse bieten nicht nur Gameplay-Vorteile, sondern enthüllen auch Teile der Vergangenheit des Verbrannten und gewähren Einblicke in seine emotionale Reise.

1. Vergessene Tagebücher und Briefe (Aschenwald)

- Versteckte Tagebücher und Briefe, die im gesamten Ashen Forest verstreut sind, enthalten Erinnerungen von vergangenen Ereignissen, die das Verständnis des Spielers für die Trauer des Verbrannten vertiefen. Diese Sammlerstücke bieten Kontext für die Umgebung und verleihen der Reise emotionales Gewicht.

2. Flüstersteine (Vergessene Sumpfgebiete)

- Flüsternde Steine sind Sammelgegenstände, die, wenn sie gefunden werden, kryptische Nachrichten oder Teile der Überlieferung freischalten. Diese Steine erzählen die Geschichte verlorener Seelen, die in den Marschlanden gefangen sind, und geben Hinweise zum Lösen von Umwelträtseln oder zum Ausweichen vor bestimmten Feinden.

3. Beleuchtete Erinnerungsstücke (glimmernde Höhlen)

- Die Glimmering Caverns halten beleuchtete Erinnerungsstücke, Gegenstände, die bei Berührung schwach leuchten. Diese Sammlerstücke bieten emotionale Einblicke und gewähren erhöhte FlammenleistungDadurch kann der Spieler Hindernisse oder Feinde effektiver durchbrechen.

4. Relikte der Vergebung (Schlund der Verzweiflung)

- Im Schlund der Verzweiflung können Spieler finden Relikte der Vergebung die dem Verbrannten emotionales Wachstum bieten. Das Sammeln dieser Gegenstände wird Schalte alternative Enden frei und bieten dem Verbrannten die Chance, sich mit seiner Schuld auseinanderzusetzen.

5. Himmlische Fragmente (Strahlende Zitadelle)

- Die Himmelsfragmente sind die seltensten Sammlerstücke, die in der Zitadelle verstreut sind. Durch das Sammeln aller Fragmente wird das freigeschaltet wahre Auflösung von der Reise des Verbrannten und ermöglicht es ihnen, das zu schaffen endgültige Wahl Das bestimmt ihr Schicksal.

6.4 Interaktivität und Weltdynamik

Der Mitternachtsspaziergang verfügt über eine dynamische Welt, die auf die Aktionen des Spielers reagiert, insbesondere in Bezug auf die Die emotionale Reise von Burnt One. Jede Region Umweltveränderungen, Interaktivität Elemente und Story-Fortschritt Passen Sie sich an die Entscheidungen des Spielers an.

1. Licht- und Schattendynamik

- Die Welt reagiert auf die Lichtmanipulation des Verbrannten. Zum Beispiel, wechselnde Lichtquellen kann neue Wege eröffnen oder verborgene Fallen aufdecken. Umgekehrt kann die Interaktion des Spielers mit dunklen Umgebungen das Verhalten bestimmter Monster und Objekte verändern.

2. Wiederherstellung des Gedächtnisses

- Während der Spieler Erinnerungen aufdeckt, verändert sich die Welt allmählich und enthüllt neue Interaktionen mit Charakteren und Orten. Diese Erinnerungswiederherstellung hilft dem Verbrannten, einen Sinn für seine Reise zu finden und eröffnet neue Bereiche zum Erkunden.

3. Emotionale Entscheidungen

- Schlüsselmomente im Spiel ermöglichen es den Spielern, Entscheidungen zu treffen prägen die Reaktion der Welt. Die Entscheidung, bestimmte Aspekte des früheren Willens des Verbrannten anzunehmen oder abzulehnen NPC-Dialoge ändern, wirken sich auf die Landschaft aus und ändern sogar, welche Feinde erscheinen.

4. Umwelt-Storytelling

- Die Umgebungen des Spiels sind reichhaltig interaktiv und dienen als Werkzeug zum Geschichtenerzählen. Spieler entdecken versteckte Botschaften, die in die Umgebung eingraviert sind, Objekte, die auf ihre Flamme reagieren, und Symbole, die sie auf ihrer Reise begleiten.

KAPITEL 7: PUZZLE-MECHANIK UND LÖSUNGEN

7.1 Arten von Rätseln im Spiel

Der Mitternachtsspaziergang bietet eine Vielzahl von Rätseltypen, die das kritische Denken und das emotionale Engagement des Spielers herausfordern. Jeder Rätseltyp ist eng mit den Themen des Spiels verknüpft und ermutigt die Spieler, sowohl die Umgebung zu erkunden als auch ihr eigenes Verständnis für die Reise des Verbrannten zu entwickeln.

1. Lichtbasierte Rätsel

- Beschreibung: Viele der Rätsel im Spiel drehen sich um das Manipulation von Licht um versteckte Pfade aufzudecken, Mechanismen zu aktivieren oder Umwelthindernisse zu lösen. Diese Art von Rätsel ist von zentraler Bedeutung für das Gameplay, da der Spieler die Kontrolle darüber haben muss Flamme Licht an die richtigen Stellen zu bringen.
- Beispiel: In den Glimmering Caverns müssen Spieler ihre Flamme möglicherweise so positionieren, dass sie von bestimmten Spiegeln reflektiert wird und Symbole aufleuchtet, die Türen oder Wege öffnen.

2. Umweltinteraktionsrätsel

- Beschreibung: Bei diesen Rätseln müssen die Spieler mit der Umgebung selbst interagieren, Objekte manipulieren, Schalter aktivieren oder Elemente in der Welt anordnen, um die Herausforderung zu lösen. Diese Rätsel testen die

Fähigkeit des Spielers, die Welt zu lesen und die Umgebung zu seinem Vorteil zu nutzen.

- Beispiel: Im Ashen Forest müssen Spieler möglicherweise Baumstämme bewegen, um Lücken über gefährlichen Gruben zu überbrücken, oder Ranken verwenden, um sich über Bereiche zu schwingen, die ansonsten unpassierbar wären.

3. Zeit- und sequenzbasierte Rätsel

- Beschreibung: Bei diesen Rätseln geht es um das Timing und die Reihenfolge der Aktionen in der richtigen Reihenfolge. Der Spieler muss möglicherweise Mechanismen in einer bestimmten Reihenfolge aktivieren oder innerhalb eines begrenzten Zeitrahmens Aktionen ausführen, um das Auftreten bestimmter Gefahren zu verhindern.
- Beispiel: Im Schlund der Verzweiflung können Spieler auf eine Reihe von Ereignissen stoßen Druckplatten die in bestimmten Abständen aktiviert werden muss, um zu verhindern, dass Fallen aufspringen, oder um eine Tür zu öffnen, die tiefer in die Region führt.

4. Symbol- und Gedächtnisrätsel

- Beschreibung: Viele Rätsel basieren auf versteckten Rätseln Symbole oder Erinnerungssequenzen. Die Spieler müssen Hinweise entschlüsseln, die oft in der Umgebung hinterlassen werden, oder ihr Wissen über die Vergangenheit des Verbrannten nutzen, um diese Rätsel zu lösen.
- Beispiel: In der Radiant Citadel muss der Spieler möglicherweise etwas arrangieren himmlische Symbole in einem bestimmten Muster, um den letzten Bereich freizuschalten, wobei der Spieler die Symbole bereits früher im Spiel entdeckt und ihre Bedeutung verstanden haben muss.

7.2 Potboys Flamme zum Lösen von Rätseln nutzen

Potboys Flamme ist nicht nur eine Lichtquelle, sondern auch eine Schlüsselwerkzeug zum Lösen verschiedener Rätsel In *Der Mitternachtsspaziergang*. Seine Rolle geht über die grundlegende Beleuchtung hinaus und wird zu einem zentralen Element in vielen Puzzle-Mechaniken des Spiels.

1. Flamme als Auslöser

- Beschreibung: Potboys Flamme kann verwendet werden Auslösemechanismen oder Objekte aktivieren in der Umwelt. Ob es darum geht, eine Fackel anzuzünden, um eine Tür zu öffnen, oder einen besonderen Gegenstand zu entzünden, um einen verborgenen Durchgang freizulegen, die Flamme fungiert oft als Katalysator für Veränderungen.
- Beispiel: In den Glimmering Caverns sind bestimmte Fackeln nicht angezündet und erfordern Potboys Flamme, um verborgene Pfade freizulegen. Der Spieler muss einen Weg finden, die Flamme auf diese Objekte zu übertragen und so Mechanismen auszulösen, die neue Bereiche freischalten.

2. Flamme für Verbrennung und Interaktion

- Beschreibung: Die Flamme kann verwendet werden, um Hindernisse zu verbrennen, die dem Spieler den Weg versperren, oder um mit bestimmten Puzzleelementen zu interagieren, die Feuer erfordern. Manchmal müssen Spieler es tun Licht bestimmte Objekte oder bestimmte Bereiche verbrennen voranzukommen.
- Beispiel: Im Ashen Forest können Spieler darauf stoßen Holzbarrieren die angezündet werden müssen, um den Weg

freizumachen. Die Flamme kann auch zum Anzünden genutzt werden Kerzen oder Öllampen die geheime Hinweise enthalten oder Türen öffnen.

3. Kontrolle der Flammenintensität

- Beschreibung: Bei einigen Rätseln müssen die Spieler die Intensität der Flamme kontrollieren. Zu viel Feuer kann Gegenstände verbrennen oder unerwünschte Folgen haben, während zu wenig Feuer dazu führen kann, dass bestimmte Mechanismen nicht aktiviert werden.
- Beispiel: In der Radiant Citadel müssen Spieler möglicherweise vorsichtig sein Stellen Sie die Flamme ein damit es leuchtet spezifische Symbole mit der richtigen Intensität, sodass der Spieler komplizierte Rätsel lösen kann, die Präzision erfordern.

4. Flamme als Stealth-Werkzeug

- Beschreibung: In bestimmten Bereichen muss Potboys Flamme sein ausgelöscht um Rätsel zu lösen oder einer Entdeckung zu entgehen. Dieses Element erhöht die Komplexität, da die Spieler entscheiden müssen, wann sie die Flamme verwenden und wann sie sie verstecken, um voranzukommen, ohne Feinde anzulocken.
- Beispiel: Im Schlund der Verzweiflung ist es manchmal notwendig, die Flamme zu löschen, um eine Anziehung zu vermeiden Schattenwesen oder auslösend schallbasierte Gefahren das würde andernfalls nahe Feinde alarmieren.

7.3 Umweltinteraktionen und Hinweise

Die Umgebung in *Der Mitternachtsspaziergang* ist reich an interaktive Elemente Und Hinweise die dem Spieler beim Lösen von Rätseln helfen. Diese Umgebungsdetails verbessern nicht nur das Eintauchen, sondern dienen auch als wichtige Bestandteile des Rätsellösungserlebnisses.

1. Natürliche Symbole und Markierungen

- Beschreibung: In vielen Regionen sind natürliche Symbole oder Markierungen in die Landschaft eingraviert oder auf Wänden gezeichnet. Diese Symbole entsprechen oft Rätsellösungen, um den Spieler zur richtigen Antwort zu führen.
- Beispiel: In den Vergessenen Marschlanden, seltsam Glyphen In den Stein oder in die Bäume gehauene Gegenstände dienen als Karte oder Leitfaden zum Lösen eines nahegelegenen Rätsels. Die Spieler müssen diese Symbole beobachten und ihre Bedeutung anhand ihrer Umgebung rekonstruieren.

2. Interaktive Objekte

- Beschreibung: Verschiedene Objekte in der Umgebung können bewegt, aktiviert oder kombiniert werden, um Rätsel zu lösen. Dazu könnten gehören Felsbrocken, Zahnräder, Seile, oder Mechanismen Das muss auf die richtige Art und Weise manipuliert werden.
- Beispiel: In der Strahlenden Zitadelle könnten Spieler finden Statuen mit beweglichen Armen die richtig positioniert werden müssen, um versteckte Nachrichten anzuzeigen oder Türen zu öffnen.

3. Klang und Echos

- Beschreibung: Einige Bereiche verlassen sich auf Klanghinweise um Rätsel zu lösen. Echos in bestimmten Regionen werden verborgene Pfade aufdecken oder Hinweise zur Entschlüsselung von Umweltmechanismen liefern.
- Beispiel: In den Glimmering Caverns muss der Spieler möglicherweise genau hinhören widerhallende Geräusche die anzeigen, in welche Richtung man gehen oder welchen Schalter man betätigen muss. Bestimmte Bereiche reagieren auf Geräusche und helfen dem Spieler, die richtige Reihenfolge oder den richtigen Zeitpunkt für Aktionen herauszufinden.

4. Licht und Schatten

- Beschreibung: Das Zusammenspiel zwischen Licht und Schatten ist ein entscheidender Aspekt des Puzzle-Designs in *Der Mitternachtsspaziergang*. Spieler müssen häufig Lichtquellen oder Objekte manipulieren, um Schatten zu werfen, die Muster erzeugen, Mechanismen freischalten oder verborgene Pfade aufdecken.
- Beispiel: Im Ashen Forest eine Lichtquelle vor einem bestimmten Ort positionieren Wandschnitzerei kann verraten versteckte Symbole, sodass der Spieler fortfahren kann. Diese Lichtmanipulation wird häufig in Kombination mit anderen Rätselmechaniken verwendet.

7.4 Schritt-für-Schritt-Lösungen für wichtige Rätsel

Während *Der Mitternachtsspaziergang* fördert das Erkunden und die Kreativität. Manchmal benötigen Spieler möglicherweise Hilfe beim

Lösen einiger komplizierterer Rätsel. Unten sind Schritt-für-Schritt-Lösungen für ein paar wichtige Rätsel im Spiel.

1. Das Licht-Spiegel-Puzzle in den schimmernden Höhlen

- Objektiv: Benutze Potboys Flamme, um Licht durch eine Reihe von Spiegeln zu lenken und so eine versteckte Tür freizulegen.

Lösung:

1. Suchen Sie die in der Höhle verstreuten Spiegel. Jeder Spiegel kann gedreht werden, um das Licht in verschiedene Richtungen zu reflektieren.
2. Finden Sie die zentrale Plattform, die eine Flamme enthält. Positionieren Sie diese Flamme vor dem ersten Spiegel.
3. Drehen Sie die Spiegel so, dass das Licht auf die Tür am anderen Ende der Höhle gerichtet ist.
4. Der letzte Spiegel sollte das Licht direkt auf a reflektieren Symbol in die Tür eingraviert. Sobald das Licht auf das Symbol trifft, öffnet sich die Tür und Sie können fortfahren.

2. Das Treibsandrätsel in den vergessenen Sumpfgebieten

- Objektiv: Navigieren Sie durch ein mit Treibsand gefülltes Gebiet und nutzen Sie Hinweise aus der Umgebung, um einen sicheren Weg zu finden.

Lösung:

1. Suchen Steine oder Baumwurzeln die stabil genug sind, um darauf zu gehen. Diese sind über das Marschland verstreut.

2. Zünde ein in der Nähe an Fackel oder Feuerstelle eine erstellen Spur des Lichts das enthüllt verborgene, sichere Landstriche.
3. Überqueren Sie diese Abschnitte vorsichtig, ohne auf den Treibsand zu treten.
4. Sobald Sie den Treibsandabschnitt passiert haben, nutzen Sie den nahegelegenen Protokolle eine erstellen Brücke Das führt zum nächsten Bereich.

3. Das himmlische Fragment-Rätsel in der Radiant Citadel

- Objektiv: Benutze die Himmelsfragmente, um den letzten Raum in der Zitadelle freizuschalten.

Lösung:

1. Sammle alle Himmlische Fragmente Überall in der Strahlenden Zitadelle verstreut.
2. Sobald Sie alle Fragmente haben, platzieren Sie sie in der richtigen Reihenfolge auf dem Himmelssockel.
3. Die Fragmente leuchten und bilden ein Muster. Passen Sie das Muster auf dem Boden an entriegeln Sie die Tür.
4. Betreten Sie den Raum und beenden Sie den letzten Abschnitt des Spiels.

KAPITEL 8: NARRATIVE ANALYSE
8.1 Story-Struktur und Kapitelaufteilung

Der Mitternachtsspaziergang entfaltet sich in einem kapitelbasierte Struktur, wobei jedes Kapitel sowohl eine physische als auch eine emotionale Entwicklung für den Protagonisten, den Verbrannten, darstellt. Die Struktur folgt einem linearen Pfad, lässt aber auch Momente zu Spieleragentur und Erkundung. Die Kapitel sollen den Spieler in eine spezifische emotionale Reise eintauchen lassen, die den inneren Kampf des Protagonisten widerspiegelt.

1. Prolog: Eine Flamme im Dunkeln

- Einstellung: Das Spiel beginnt in a trostlose Welt wo der Verbrannte in einem dunklen und verlassenen Wald erwacht. Ihre Mission ist unklar, aber sie werden von dem starken Wunsch angetrieben, verlorene Erinnerungen wieder aufleben zu lassen und Erlösung zu finden.
- Themen: Verlust, Identität, und die Suche nach Verständnis. Der Prolog bereitet den Rahmen für die emotionale Reise, die der Spieler unternehmen wird.
- Objektiv: Einführung in die grundlegende Steuerung, Erkundungsmechanik und die Rolle von Potboys Flamme.

2. Kapitel 1: Der Aschenwald

- Einstellung: Ein unheilvoller, verbrannter Wald, in dem der Verbrannte dem gegenübersteht erste Phasen der Trauer. Die Umgebung ist voller dunkler Schatten und Überreste vergangener Leben.
- Themen: Kummer, Reueund der Beginn einer transformativen Reise.

- Objektiv: Lösen Sie Einführungsrätsel mit Lichtmanipulation und treffen Sie die ersten mysteriösen Figuren (z. B. die Lauerer) und decken die ersten wichtigen Speicherfragmente auf.

3. Kapitel 2: Die vergessenen Sumpfgebiete

- Einstellung: Ein dichter Sumpf voller unsichtbare Gefahren und dichter Nebel. Der Spieler navigiert durch tückisches Terrain, sowohl körperlich als auch emotional.
- Themen: Isolierung, Furchtund der Kampf um die Konfrontation vergessene Erinnerungen.
- Objektiv: Der Spieler muss Umgebungsrätsel und Stealth-Taktiken nutzen, um zu überleben, während er kryptische Hinweise auf die Vergangenheit des Verbrannten aufdeckt.

4. Kapitel 3: Die schimmernden Höhlen

- Einstellung: Ein höhlenartiges Labyrinth voller flackernde Lichter und unheimliche Echos. Es stellt den Kampf des Verbrannten dar, die Realität seiner Vergangenheit zu verstehen.
- Themen: Selbstreflexion, Identität, und die Spannung dazwischen Erinnerung Und Illusion.
- Objektiv: Navigieren Sie durch komplexe lichtbasierte Rätsel und stellen Sie sich inneren Dämonen, um weitere Teile der Geschichte des Verbrannten zu enthüllen.

5. Kapitel 4: Der Schlund der Verzweiflung

- Einstellung: Ein trostloser und schrecklicher Ort, der das Tiefste des Verbrannten symbolisiert Schuld und die Angst, von ihren Handlungen verzehrt zu werden.
- Themen: Schuld, Rückzahlung, Und interner Konflikt.

- Objektiv: Überwinden Sie Umweltgefahren, lösen Sie geräuschbasierte Rätsel und begegnen Sie neuen Feinden. Der Spieler ist gezwungen, moralisch schwierige Entscheidungen zu treffen, die sich auf die Erzählung auswirken.

6. *Kapitel 5: Die strahlende Zitadelle*

- Einstellung: Das endgültige Ziel, an dem der Verbrannte den Höhepunkt seiner Reise erleben muss. Die Zitadelle ist ein Ort von beidem Licht Und Gefahr, wo der Verbrannte dem gegenübersteht Wahrheit ihrer Vergangenheit.
- Themen: Vergebung, Schließung, und die Macht der Wahl.
- Objektiv: Lösen Sie die letzten lichtbasierten Rätsel und treffen Sie eine Entscheidung, die das Schicksal des Verbrannten bestimmt, basierend auf den im Laufe des Spiels getroffenen Entscheidungen.

8.2 Charakterentwicklung und Handlungsstränge

Der Charakterentwicklung In *Der Mitternachtsspaziergang* konzentriert sich auf das emotionale und psychologische Wachstum des Verbrannten, dessen Reise Themen widerspiegelt Kummer, Reueund letztlich Rückzahlung. Unterwegs treffen sie auf eine Vielzahl von NPCs und Wesenheiten, die ihren Weg beeinflussen, darunter Potboy, eine Art Führer, der ihnen bei der Navigation in der physischen Welt hilft.

1. *Der Verbrannte: Eine Reise der Selbstfindung*

- Bogen: Zu Beginn des Spiels ist der Verbrannte verloren in einer Welt, an die sie sich nicht vollständig erinnern können. Sie beginnen als eine von Trauer und Verwirrung zerfressene

Figur, die sich der Entscheidungen, die sie getroffen haben und die sie in ihren gegenwärtigen Zustand geführt haben, nicht bewusst ist.

- Entwicklung: Durch die Kapitel, der Verbrannte konfrontiert ihre Vergangenheit und erfährt von den Fehlern, die sie geprägt haben. Ihre Beziehung zu ihren Erinnerungen entwickelt sich weiter und sie gewinnen ein tieferes Verständnis dafür, wer sie sind. Der Spieler kann beeinflussen, wie offen der Verbrannte ist Vergebung Und Annahme.

2. Potboy: Ein mysteriöser Führer

- Bogen: Potboy beginnt als etwas geheimnisvolle Figur, bieten Orientierung, ohne zu viel über ihre eigenen Beweggründe zu verraten. Potboy fungiert als ständige Präsenz und unterstützt die Reise des Verbrannten mit praktischer Hilfe und emotionaler Weisheit.
- Entwicklung: Im Verlauf der Geschichte wird Potboys Rolle immer komplexer. Ist er lediglich ein Führer oder hat er eine tiefere Verbindung zur Vergangenheit des Verbrannten? Sein Handlungsbogen ist eng mit den Entscheidungen des Spielers verknüpft, während er nach und nach mehr über sich selbst und die wahre Natur der Flamme preisgibt.

3. Die Glutbraut: Verlorene Liebe

- Bogen: Die Glutbraut repräsentiert die Die vergangene Liebe des Verbrannten, der sowohl als Führer als auch als Erinnerung an alles erscheint, was der Verbrannte verloren hat. Sie ist mit dem Verbrannten verbunden Schuld und stellt das Leben dar, das sie hätten führen können, wenn sie andere Entscheidungen getroffen hätten.

- Entwicklung: Der Bogen der Glutbraut ist einer davon unverzeihliche Liebe, wobei der Spieler Teile seiner tragischen Vergangenheit aufdeckt. Ob sich der Verbrannte mit der Glutbraut versöhnen und mit ihrer Vergangenheit Frieden schließen kann, ist ein wichtiger emotionaler Bogen.

4. Die Lurkers: Schatten der Vergangenheit

- Bogen: Die Lurker dienen als stille, eindringliche Gestalten die den Verbrannten das ganze Spiel über verfolgen. Ihre Verbindung zur Reise des Verbrannten liegt in ihrer Fähigkeit dazu emotionale Reaktionen auslösen, besonders rund um Angst und Bedauern.
- Entwicklung: Mit der Zeit entwickeln sich die Lurker von bloßen Bedrohungen zu Manifestationen von Schuld. Ihre Anwesenheit ist eine immer wiederkehrende Erinnerung an das emotionale Gewicht, das der Verbrannte in sich trägt. Der Spieler muss sich ihnen sowohl körperlich als auch geistig stellen.

8.3 Symbolik und allegorische Elemente

Der Mitternachtsspaziergang ist reich an Symbolismus, schöpfend aus beiden mythologisch Und psychologisch Einflüsse, die seine Erzählung prägen. Die Welt des Spiels ist so aufgebaut, dass sie den inneren Aufruhr des Verbrannten widerspiegelt, wobei jeder Bereich und jedes Rätsel als Allegorie für einen bestimmten emotionalen Zustand fungiert.

1. Die Flamme

- Symbolismus: Die Flamme ist sowohl ein wörtliches als auch ein metaphorisches Element im Spiel. Es repräsentiert Leben, Hoffnung, und die Potenzial für eine Erlösung, aber auch Zerstörung, Verlust, und die Schäden, die durch frühere Entscheidungen verursacht wurden.
- Allegorie: Die Flamme kann als Symbol für den Verbrannten angesehen werden inneres Licht– ihr Wunsch zu verstehen und zu heilen. Wie der Spieler die Flamme nutzt oder sie sogar löscht, spiegelt direkt seine emotionalen Entscheidungen wider.

2. Der Wald und die Wildnis

- Symbolismus: Der Wald repräsentiert das unbekannt, und die Wildnis ist ein Symbol für die Reise des Verbrannten Verwirrung Und Unsicherheit. Die dichten Wälder und nebelgefüllten Sümpfe spiegeln den emotionalen Nebel wider, durch den der Verbrannte navigieren muss, um Klarheit zu finden.
- Allegorie: Die Reise durch die Natur spiegelt das wider emotionales Labyrinth Der Verbrannte muss durchqueren, um Frieden mit seiner Vergangenheit und seinen Taten zu finden.

3. Spiegel und Reflexionen

- Symbolismus: Spiegel im gesamten Spiel repräsentieren die Idee von Selbstreflexion, sowohl wörtlich als auch im übertragenen Sinne. Sie ermöglichen es dem Spieler, in die Vergangenheit zu blicken und nachzudenken alternative Realitäten oder Entscheidungen.

- Allegorie: Die Spiegel fungieren als Tore zu Selbstbewusstsein, zeigt dem Spieler die Konsequenzen vergangener Handlungen und bietet Einblicke in die potenzielle Zukunft des Verbrannten.

4. Der Schlund der Verzweiflung

- Symbolismus: Der Schlund repräsentiert das innerer Abgrund– der dunkelste Teil des emotionalen und psychologischen Zustands des Verbrannten. Es ist ein Ort der Tiefe Schuld, wo der Spieler ihnen zugewandt ist Ängste Und Zweifel frontal.
- Allegorie: Der Schlund symbolisiert die schwierige Reise von Selbstvergebung, und die Fähigkeit des Spielers, darin zu navigieren, bestimmt den Ausgang seiner Reise.

8.4 Spielerentscheidungen und narrative Ergebnisse

Der Mitternachtsspaziergang betont Spieleragentur durch wichtige Entscheidungen, die die Reise des Verbrannten prägen. Die Entscheidungen des Spielers bestimmen nicht nur den Ausgang der Erzählung, sondern auch die emotionale Entwicklung des Protagonisten. Diese Entscheidungen spiegeln das zentrale Thema wider Rückzahlung Und Selbstakzeptanz.

1. Moral und Erlösung

- Auswahlmöglichkeiten: Spieler werden im Laufe des Spiels auf moralische Dilemmata stoßen, z. B. ob sie es tun sollen vergib anderen, ablehnen vergangene Fehler, bzw umarmen Schuld. Diese Entscheidungen wirken sich auf den

Handlungsbogen des Verbrannten und seine Fähigkeit aus, Erlösung zu erreichen.

- Auswirkungen: Der vom Spieler gewählte Weg bestimmt die Lösung des emotionalen Konflikts des Verbrannten, was sich auf das Endergebnis des Spiels auswirkt. Die Einlösung ist nicht garantiert und die Aktionen des Spielers können zu unterschiedlichen Enden führen.

2. Beziehungen und emotionale Bindungen

- Auswahlmöglichkeiten: Der Spieler kann sich dafür entscheiden, bestimmten Charakteren näher zu kommen, z Glutbraut oder Potboyoder distanzieren sich von ihnen, was sich auf den Erzählton und die persönliche Entwicklung des Verbrannten auswirkt.
- Auswirkungen: Die Stärke dieser Bindungen wird darüber entscheiden, ob der Verbrannte sie finden kann Frieden oder in ihrem eigenen emotionalen Aufruhr gefangen bleiben. Diese Entscheidungen werden in den letzten Szenen des Spiels widergespiegelt.

3. Aufopferung und Selbstfindung

- Auswahlmöglichkeiten: An wichtigen Punkten muss der Spieler zwischen wählen opfern Und Selbsterhaltung. Die Bereitschaft des Verbrannten, persönliche Wünsche zum Wohle der Allgemeinheit loszulassen, wird sein endgültiges Schicksal prägen.
- Auswirkungen: Selbstaufopferung könnte dazu führen Rückzahlung, während die Priorisierung des Selbst dazu führen kann Verlust oder Reue. Die Entscheidungen des Spielers werden eine tiefe emotionale Resonanz mit dem Ende des Spiels haben.

4. Endgültige Entscheidung und mehrere Enden

- Auswahlmöglichkeiten: Das letzte Kapitel gipfelt in einer entscheidenden Entscheidung, die alles, was der Spieler gelernt hat, auf die Probe stellt. Der Spieler muss entscheiden, ob er möchte umarme ihre Vergangenheit, ihre Schuld ablehnen, oder die Konsequenzen ihres Handelns akzeptieren.
- Auswirkungen: Diese Entscheidung führt zu mehreren möglichen Enden, die von reichen friedliche Akzeptanz Zu tragische Folgenund spiegelt die komplexe emotionale Reise des Verbrannten wider.

KAPITEL 9: TECHNISCHE ASPEKTE UND LEISTUNG

9.1 Systemanforderungen für PC und VR

Der Mitternachtsspaziergang bietet beides PC Und VR Erlebnisse, von denen jedes seine eigenen Anforderungen hat, um ein reibungsloses Gameplay und ein fesselndes Erlebnis zu gewährleisten. Egal, ob Sie das Spiel auf einem Standard-PC-Setup oder in der Virtual-Reality-Welt erkunden, hier finden Sie die notwendigen Spezifikationen.

1. Mindestanforderungen an das PC-System

- DU: Windows 10 oder höher
- Prozessor: Intel Core i5-7600 oder AMD Ryzen 5 1600
- Erinnerung: 8 GB RAM
- Grafik: NVIDIA GTX 970 / AMD Radeon RX 570 (4 GB VRAM)
- Lagerung: 20 GB verfügbarer Speicherplatz
- DirectX: Version 12
- Zusätzliche Hinweise: Für Updates und Online-Funktionen ist möglicherweise eine stabile Internetverbindung erforderlich.

2. Empfohlene PC-Systemanforderungen

- DU: Windows 10 oder höher
- Prozessor: Intel Core i7-9700K oder AMD Ryzen 7 3700X
- Erinnerung: 16 GB RAM
- Grafik: NVIDIA RTX 3060 / AMD Radeon RX 6700 XT (8 GB VRAM)
- Lagerung: 30 GB verfügbarer Speicherplatz (SSD für schnellere Ladezeiten bevorzugt)

- DirectX: Version 12
- Zusätzliche Hinweise: Empfohlen für optimale Grafikleistung bei hohen Einstellungen und flüssiges Gameplay.

3. Mindestanforderungen an das VR-System

- DU: Windows 10 oder höher
- Prozessor: Intel Core i5-4590 / AMD Ryzen 5 1500X
- Erinnerung: 8 GB RAM
- Grafik: NVIDIA GTX 1060 / AMD Radeon RX 480 (4 GB VRAM)
- Kompatibilität mit VR-Headsets: Oculus Rift, HTC Vive, Valve Index oder Windows Mixed Reality
- Lagerung: 20 GB verfügbarer Speicherplatz
- USB-Anschlüsse: 2x USB 3.0

4. Empfohlene VR-Systemanforderungen

- DU: Windows 10 oder höher
- Prozessor: Intel Core i7-9700K oder AMD Ryzen 7 3700X
- Erinnerung: 16 GB RAM
- Grafik: NVIDIA RTX 2070 oder AMD Radeon RX 5700 (8 GB VRAM)
- Kompatibilität mit VR-Headsets: Oculus Rift S, HTC Vive Pro, Valve Index
- Lagerung: 30 GB verfügbarer Speicherplatz (SSD bevorzugt)
- USB-Anschlüsse: 2x USB 3.0

9.2 Tipps zur Leistungsoptimierung

Sowohl bei PC- als auch bei VR-Erlebnissen ist die Optimierung der Spielleistung für ein immersives Erlebnis von entscheidender Bedeutung. Hier sind einige Tipps, um die beste Leistung herauszuholen *Der Mitternachtsspaziergang*.

1. Anpassungen der Grafikeinstellungen

- Auflösung: Eine Verringerung der Auflösung Ihres Spiels kann zur Leistungssteigerung beitragen, insbesondere auf Systemen der unteren Preisklasse. Passen Sie die Auflösung an 1080p oder 720p bei Bedarf für ein flüssigeres Gameplay.
- Texturqualität: Eine Reduzierung der Texturqualität kann die Leistung auf Systemen mit weniger VRAM verbessern.
- Anti-Aliasing: Anti-Aliasing deaktivieren oder einstellen niedrig um die Belastung der GPU zu reduzieren.
- Schatten und Beleuchtung: Durch Verringern der Schattenqualität und Deaktivieren dynamischer Lichteffekte werden die Bildraten verbessert, insbesondere in Bereichen mit komplexer Umgebungsbeleuchtung.

2. VR-spezifische Tipps

- Aktualisierungsrate: Verringern der Bildwiederholfrequenz des VR-Headsets (von 90Hz Zu 60Hz) kann dazu beitragen, die Leistung ohne nennenswerten Verlust der visuellen Qualität zu verbessern, insbesondere auf Systemen der unteren Preisklasse.
- Sichtfeld: Reduzierung der Sichtfeld in VR kann Reisekrankheit lindern und die Bildraten verbessern, insbesondere in intensiven Szenen.
- Bewegungsunschärfe: Das Deaktivieren der Bewegungsunschärfe kann die Arbeitsbelastung der GPU verringern und eine klarere Ansicht in VR ermöglichen.

3. Systemressourcenverwaltung

- Schließen Sie Hintergrundanwendungen: Stellen Sie sicher, dass Sie während des Spielens unnötige Anwendungen schließen, insbesondere ressourcenintensive Programme, um CPU und RAM freizugeben *Der Mitternachtsspaziergang*.

- Treiber aktualisieren: Stellen Sie sicher, dass Ihr Grafikkartentreiber Und VR-Software sind auf dem neuesten Stand, um Kompatibilitätsprobleme zu vermeiden und die neuesten Leistungsverbesserungen zu nutzen.
- Verwenden Sie den Spielemodus: Unter Windows aktivieren Spielmodus über die Einstellungen, um die Systemressourcen speziell für Spiele zu optimieren.

4. SSD für schnellere Ladezeiten

- Installieren *Der Mitternachtsspaziergang* auf einem SSD kann die Ladezeiten erheblich verkürzen, was sich besonders beim Übergang zwischen Kapiteln oder beim Neuladen nach dem Tod bemerkbar macht.

9.3 VR-Erlebnis und Steuerung

Der VR-Erlebnis In *Der Mitternachtsspaziergang* zielt darauf ab, die Spieler vollständig in die Welt einzutauchen und ihnen ein fühlbares und fesselndes Erlebnis zu bieten. Hier ist eine Aufschlüsselung der VR-spezifischen Funktionen und Steuerelemente:

1. Bewegung und Navigation

- Teleportation: Standardteleportation ermöglicht es Spielern, sich sofort an neue Orte zu bewegen, indem sie auf ihr Ziel zeigen und die VR-Controller-Taste drücken.
- Sanftes Gehen: Für Spieler, die flüssige Bewegungen bevorzugen, unterstützt das Spiel sanftes Gehen mit anpassbaren Geschwindigkeitseinstellungen, um Reisekrankheit vorzubeugen.

- Klettern: In bestimmten Abschnitten des Spiels können Spieler Wände ausstrecken und erklimmen oder mit Objekten in ihrer Umgebung interagieren.

2. Interaktion mit Objekten

- Handverfolgung: Die Spielfunktionen Handverfolgung für die Interaktion mit Objekten und Rätseln. Spieler können Gegenstände auf natürliche, immersive Weise mit ihren Händen greifen, drehen und bewegen.
- Manipulation der Lichtquelle: Potboys Flamme kann mit den VR-Controllern gehalten, bewegt oder geworfen werden, was körperliche Gesten erfordert, um Rätsel zu lösen und sich gegen Feinde zu verteidigen.

3. Kampf und Heimlichkeit

- Umgang mit Waffen: In kampfintensiven Gebieten können Spieler es einsetzen Flammen, Stäbeoder andere lichtbasierte Werkzeuge. Die VR-Controller ermöglichen präzise Ziel- und Angriffsbewegungen, sodass sich der Kampf realistisch anfühlt.
- Stealth-Mechanik: Spieler können ihre körperliche Bewegung nutzen, um sich hinter Objekten zu verstecken oder sich hinter ihnen zu ducken, und dabei Stealth-Mechaniken nutzen, um der Entdeckung durch Feinde zu entgehen. Das Spiel verfolgt die Bewegungen der Spieler, um realistische Ausweichaktionen zu gewährleisten.

4. Anpassung der VR-Einstellungen

- Komfortoptionen: Um die Reisekrankheit zu reduzieren, bietet das Spiel eine Reihe von Komfortoptionen wie zum

Beispiel Schnappdrehung, reduziertes Sichtfeld, Und Einstellungen zur Reduzierung der Reisekrankheit.

- Controller-Zuordnung: Passen Sie die Steuerelemente an Ihre persönlichen Vorlieben an und ermöglichen Sie alternative Griffarten oder Tastenkonfigurationen auf unterstützten VR-Controllern.
- Immersionsverbesserungen: Immersiv aktivieren Klanglandschaften, wie zum Beispiel binaurales Audio, um das VR-Erlebnis noch spannender zu machen.

9.4 Bekannte Probleme und Fehlerbehebung

Während *Der Mitternachtsspaziergang* Da wir bestrebt sind, ein reibungsloses Spielerlebnis zu bieten, können Spieler gelegentlich auf technische Probleme stoßen. Unten sind einige häufige Probleme und ihre Lösungen.

1. Spielabstürze oder Einfrieren

- Mögliche Ursache: Veraltete Grafiktreiber, unzureichende Systemressourcen oder beschädigte Spieldateien.
- Lösung: Aktualisieren Sie Ihre Grafiktreiber auf die neueste Version. Stellen Sie sicher, dass Ihr System die Anforderungen erfüllt empfohlene Systemanforderungen. Überprüfen Sie die Integrität der Spieldateien über die Plattform (z. B. Steam) oder installieren Sie das Spiel neu.

2. Niedrige Bildraten oder Stottern

- Mögliche Ursache: Hohe Grafikeinstellungen oder unzureichende Hardware.
- Lösung: Senken Sie Ihr Spiel Grafikeinstellungen, einschließlich Auflösung, Anti-Aliasing und Schattenqualität.

Wenn Sie in VR spielen, reduzieren Sie die VR-Auflösung und Bildwiederholfrequenz. Stellen Sie sicher, dass Ihre Hardware nicht durch das Schließen unnötiger Anwendungen überlastet wird.

3. VR-Reisekrankheit

- Mögliche Ursache: Schnelle Bewegungen oder große Sichtfeldeinstellungen in VR können bei manchen Spielern zu Unbehagen führen.
- Lösung: Benutze das Spiel Komfortoptionen um den Bewegungsstil anzupassen (z. B. Ermöglichen). Teleportation oder reduzieren gleichmäßige Gehgeschwindigkeit). Reduzierung der Sichtfeld und ermöglichen Schnappdrehung kann helfen, Reisekrankheit zu lindern.

4. Audioprobleme (kein Ton oder verzerrter Ton)

- Mögliche Ursache: Fehlkonfiguration des Audiogeräts oder Probleme mit dem Soundtreiber.
- Lösung: Stellen Sie sicher, dass Ihre Audiotreiber auf dem neuesten Stand sind und dass das Spiel für die Verwendung des richtigen Audioausgabegeräts (z. B. Lautsprecher oder Headset) konfiguriert ist. Wenn Sie VR verwenden, stellen Sie sicher, dass das VR-Headset vorhanden ist Audioeinstellungen richtig konfiguriert sind.

5. Controller reagiert nicht in VR

- Mögliche Ursache: Falsche VR-Controller-Kopplung oder schwache Batterie.
- Lösung: Überprüfen Sie, ob Ihre VR-Controller sind ordnungsgemäß gekoppelt mit dem System. Stellen Sie

sicher, dass dies der Fall ist voll aufgeladen und dass das Spiel in den Einstellungen das richtige Eingabegerät erkennt.

KAPITEL 10: SCHLUSSFOLGERUNG UND ABSCHLIESSENDE GEDANKEN

10.1 Zusammenfassung der wichtigsten Funktionen

Der Mitternachtsspaziergang bietet ein einzigartiges und immersives Erlebnis, das verschmelzt künstlerischer Stil, emotionales Geschichtenerzählen, Und innovative Spielmechanik. Hier ist eine kurze Zusammenfassung der wichtigsten Funktionen des Spiels:

1. Immersive Claymation-Ästhetik

- Das Spiel bietet a handgefertigter Stop-Motion-Animationsstil, ähnlich Tonbildung, das die Welt und die Charaktere auf organische, taktile Weise zum Leben erweckt. Dieses einzigartige visuelle Design schafft eine eindringliche Atmosphäre und hebt es von herkömmlichen 3D-Spielen ab.

2. Emotionale Erzählung und tiefgründige Themen

- *Der Mitternachtsspaziergang* wird von a angetrieben narratives Erlebnis das erforscht Themen von Verlust, Schuld, Rückzahlung, Und Selbstvergebung. Die Geschichte entfaltet sich durch kapitelbasierter Fortschritt, was es den Spielern ermöglicht, die tragische Vergangenheit des Verbrannten zu rekonstruieren und gleichzeitig Entscheidungen zu treffen, die das Ergebnis beeinflussen.

3. Atmosphärischer Weltaufbau

- Das Spiel bietet ein reich detailliertes, Open-World-Umgebung, unterteilt in verschiedene Regionen, die jeweils unterschiedliche Stadien der Trauer und des psychischen Aufruhrs repräsentieren. Die Welt ist voller versteckter Gebiete, umweltfreundlicher Geschichten und Sammlerstücken, die das Erkunden belohnen.

4. Rätsellösung und Stealth-Mechaniken

- Das Gameplay dreht sich um Rätsel lösen Und Heimlichkeit Elemente. Spieler müssen manipulieren Licht um komplexe Umwelträtsel zu lösen, Feinden auszuweichen und die Geheimnisse der Welt des Verbrannten aufzudecken. Potboys Flamme spielt sowohl in der Rätselmechanik als auch im Kampf eine entscheidende Rolle.

5. VR-Kompatibilität

- *Der Mitternachtsspaziergang* bietet ein immersives Erlebnis VR-Erlebnis, mit Handverfolgung, interaktive Umgebungen, Und Bewegungssteuerung die das Erlebnis noch spannender machen. Spieler können mit realistischen Gesten Objekte manipulieren und Rätsel lösen, wodurch das Gefühl der Präsenz in der Welt gestärkt wird.

6. Kampf und Bosskämpfe

- Der Kampf im Spiel verbindet sich lichtbasierte Angriffe mit Stealth-Elementen. Je nach Situation können Spieler mit Feinden kämpfen oder ihnen ausweichen. Die Spielfunktionen Bossbegegnungen, bei denen der Spieler einzigartige Taktiken anwenden muss, um mächtige Feinde zu besiegen.

7. Mehrere Enden

- Die Erzählung bietet verzweigte Wege, bei dem die Entscheidungen des Spielers während des Spiels die Richtung der Geschichte beeinflussen. Diese Entscheidungen gipfeln in mehreren möglichen Enden friedliche Erlösung Zu tragischer Verlust, bietet Wiederspielwert und regt zum Erkunden verschiedener Pfade an.

10.2 Vergleich mit anderen Indie-Horror-Spielen

Der Mitternachtsspaziergang sticht hervor unter Indie-Horrorspieleund bietet eine einzigartige Mischung aus visueller Stil, erzählerische Tiefe, Und Gameplay-Innovation. Hier ein Vergleich mit anderen bekannten Indie-Horrortiteln:

1. Visueller und künstlerischer Stil

- *Der Mitternachtsspaziergang* vs. *Limbo* Und *Innen*: Während beides *Limbo* Und *Innen* sind bekannt für ihre minimalistische, stimmungsvolle Designs, *Der Mitternachtsspaziergang* zeichnet sich durch seine aus von Claymation inspirierte Visuals Und Stop-Motion-AnimationDadurch entsteht eine viel taktilere und organischere Ästhetik. Die Welt fühlt sich auf eine Weise lebendig an, die sich von dem dunklen, nüchternen Silhouettenstil von unterscheidet *Limbo*.
- Vergleich mit *Kleines Unglück* Und *Die dunkelsten Geschichten*: Während *Kleines Unglück* Und *Die dunkelsten Geschichten* verfügen über ein ähnliches dunkle Fantasy-

Ästhetik, *Der Mitternachtsspaziergang* geht mit der Integration noch einen Schritt weiter reale, handgemachte Animation Techniken, die der Welt das Gefühl geben, dass sie sowohl tragisch als auch seltsam tröstlich ist.

2. Erzähltiefe und Themen

- *Der Mitternachtsspaziergang* vs. *Schichten der Angst* Und *Amnesie: Der dunkle Abstieg*: Beide *Schichten der Angst* Und *Amnesie* sind bekannt für ihre psychologischer Horror Und narrative Erlebnisse, ähnlich wie *Der Mitternachtsspaziergang*. Jedoch, *Der Mitternachtsspaziergang* geht über den Schockwert hinaus und geht in die Tiefe emotionale Themen wie zum Beispiel Kummer Und Selbstvergebung– was ein ergreifenderes und introspektiveres Erlebnis bietet als der oft erschreckende, übernatürliche Fokus von *Amnesie* Und *Schichten der Angst*.

3. Gameplay und Mechanik

- *Der Mitternachtsspaziergang* vs. *Ochsenfrei* Und *Feuerwache*: *Ochsenfrei* Und *Feuerwache* übertreffen narratives Gameplay mit einigen Erkundungselementen. Jedoch, *Der Mitternachtsspaziergang* fügt ein Unikat hinzu lichtbasierter Puzzle-Mechaniker, sowie Kampf und Heimlichkeit Mechaniken, bei denen es darum geht, Monstern auszuweichen oder ihnen entgegenzutreten. Diese Mischung aus Erkundung, Rätsellösung und Action unterscheidet es von den eher dialoglastigen Spielen *Ochsenfrei* Und *Feuerwache*.

4. VR-Erlebnis

- *Der Mitternachtsspaziergang* vs. *Resident Evil 7 VR*: Während *Resident Evil 7* bietet eine intensive Horror-VR-Erlebnis aus der ersten Person, *Der Mitternachtsspaziergang* dauert noch länger künstlerisch Und immersiver Ansatz, wobei der Claymation-Stil das taktile Gefühl der Umgebung verstärkt. Während *Resident Evil* konzentriert sich stark auf Survival-Horror, *Der Mitternachtsspaziergang* betont Atmosphäre, Geschichtenerzählen, Und Rätsel lösen.

10.3 Community-Feedback und Empfang

Der Mitternachtsspaziergang hat in der Indie-Horror-Community große Aufmerksamkeit erregt und die Spieler lobten seinen einzigartigen Kunststil und seine emotionale Tiefe. Hier ist eine Aufschlüsselung des Community-Feedbacks:

1. Positiver Empfang

- Visuals und Art Direction: Viele Spieler haben das gelobt Claymation-Ästhetik Und Stop-Motion-Animation, was hervorhebt, wie es die unheimliche Atmosphäre des Spiels verstärkt. Das taktile Gefühl der Charaktere und Umgebungen findet bei Fans beider großen Anklang Indie Und Horror Genres.
- Emotionale Tiefe: Die Spieler haben das Spiel geschätzt emotionales Geschichtenerzählen und die Erforschung von Themen wie Schuld, Verlust, Und Rückzahlung. Die Komplexität der Reise des Burnt One hat bei Spielern, die mehr Spaß haben, großen Anklang gefunden nachdenkliche Erzählungen.
- VR-Eintauchen: Der VR-Version hat positive Kritiken für sein immersives Erlebnis erhalten, wobei viele Spieler kommentierten, wie das Handverfolgung Und interaktive Umgebungen sorgen dafür, dass sich das Spiel auf eine Weise

lebendig anfühlt, wie es bei herkömmlichen Horrorspielen nicht der Fall ist.

2. Kritikpunkte

- Tempo: Einige Spieler haben festgestellt, dass sich das Tempo langsam anfühlen kann, insbesondere in den eher explorativen Kapiteln. Während der langsame Aufbau zur Atmosphäre beiträgt, kann er für Spieler, die schnellere Action bevorzugen, frustrierend sein.
- Komplexität bekämpfen: Einige Spieler haben erwähnt, dass die Kampf Die Mechanik, insbesondere die lichtbasierten Angriffe, kann sich etwas anfühlen klobig und manchmal unintuitiv. Die Stealth-Mechanik des Spiels ist zwar innovativ, kann sich aber in bestimmten Bereichen auch unterentwickelt anfühlen.
- Gelegentliche VR-Reisekrankheit: Trotz der verfügbaren Komfortoptionen haben einige Spieler berichtet, dass sie sich mild fühlen Reisekrankheit beim Spielen der VR-Version, insbesondere in Abschnitten mit schnellen Bewegungen oder komplexen Umgebungen.

10.4 Endgültiges Urteil und Empfehlungen

Der Mitternachtsspaziergang bietet eine wirklich einzigartiges Indie-Horror-Erlebnis, eine innovative Mischung Kunststil, emotional aufgeladene Erzählung, und einnehmend Spielmechanik. Es zeichnet sich im Genre dadurch aus Claymation-Ästhetik, Rätsel lösenund VR-Integration, was es zu einem Muss für Fans von macht künstlerischer Horror Und narrative Spiele.

1. Endgültiges Urteil

- *Der Mitternachtsspaziergang* ist eine zutiefst emotionale Reise, die verbindet psychologischer Horror mit einem atemberaubend künstlerischen Design. Das Spiel bietet ein immersives Erlebnis, das sich von traditionelleren Horrortiteln abhebt langsames Geschichtenerzählen und Betonung auf Atmosphäre. Während die Kämpfe und das Tempo des Spiels möglicherweise nicht jedem gefallen, sind diejenigen, die nach einem suchen nachdenklich, erzählerisch Erfahrung wird viel zu genießen finden.

2. Empfehlungen

- Für Fans von Indie-Horror: *Der Mitternachtsspaziergang* ist ein Muss für Spieler, die Spaß daran haben atmosphärisch Und emotional aufgeladene Spiele. Wenn du geliebt hast *Limbo*, *Innen*, oder *Ochsenfrei*, Sie werden wahrscheinlich den Fokus des Spiels genießen erzählerische Tiefe Und kreativer Weltaufbau.
- Für VR-Enthusiasten: Das Spiel VR-Kompatibilität bietet eine einzigartige Möglichkeit, die eindringliche Welt von zu erleben *Der Mitternachtsspaziergang*. Wer ein VR-Headset besitzt, wird die immersive Hand-Tracking-Mechanik und das atmosphärische Design wirklich fesselnd finden.
- Für Rätsel- und Entdeckungsliebhaber: Spieler, die Spaß haben Rätsel lösen, Erforschung, Und Heimlichkeit Elemente werden die Herausforderungen des Spiels zu schätzen wissen, die eine gute Mischung aus geistiger Stimulation und atmosphärischer Spannung bieten.

Abschließend, *Der Mitternachtsspaziergang* ist ein wunderschön gestaltetes und emotionales Spiel, das etwas Einzigartiges für diejenigen bietet, die mehr suchen künstlerisch und zum Nachdenken anregend Nehmen Sie den Horror an.